자유

한국상담심리연구원

Freedom

서문

　나는 그간 그리스도인의 자유에 대해 배워왔다. 하지만 사실 그 '자유'가 정확하게 무엇을 말하는지 잘 알지 못했다.

　성경에 바울이 그리스도께서 이땅에 오신 목적은 우리를 자유케 하시기 위해 오셨다고 말했기 때문에 막연하게 내 자신이 이미 자유를 얻은 듯이 믿고 있었다.

　그러던 중 나는 진리의 본질적 의미를 알고자 김군의 마음 시리즈 11권을 펴냈고 그 과정에 자유에 대해서도 새로운 의미를 배우게 되었고 진리를 터득하게 되었다.　개인적으로 차근하게 진리를 알아간다는 것이 얼마나 기쁜 일인지 모른다. 자유에는 두 종류가 있다.

　하나는 주님이 주시는 선에서 시작된 자유이다. 그 자유에는 주님 사랑과 이웃 사랑이 있으며 진리가 확장되는 자유이다. 그 자유로 인해 인간은 진리를 실천하며 살아가고 마음 깊은 곳에서 올라오는 희락이 있다. 이 자유는 천국과 우주의 원리에 맞는 질서정연한 진리에 의한 자유이다.

다른 하나는 악에서 흘러나오는 자유이다. 이것도 자유라고 말하지만 악한 마음에서 흘러나오며 세상 사랑과 자기 사랑이 주가 되는 자유이다. 이런 자유는 자유인듯 보이지만 실상은 자유가 아니고 마치 무언가에 홀려있거나 본능적이 되거나 강박적으로 묶여 있는 상태라고 할 수 있다. 이들 두고 노예라고 말한다.

그 속에 있는 자들은 악이 주는 쾌락을 만끽하면서 방종의 맛을 보고 있다. 이런 자유는 거짓된 자유에 불과하며 악령에게 속고 있을 뿐이다.

이렇게 자유에는 선에 의한 자유와 악에 의한 자유가 있다. 그리고 인간은 두 자유의 정 중앙에서 어느 한쪽을 매순간 선택하면서 살아간다.

즉, 인간은 자유 의지에 의해 선 혹은 악을 선택한다. 이렇게 인간은 자유안에서 살아가고 자유를 위해 선택하고 자유라고 여기면서 세상을 살아간다.

어떤 이는 말하기를 자신은 바쁘게 직장 생활을 하면서 조금도 내 마음대로 할 수 있는 시간이 없기 때문에 자신은 자유가 없다고 말한다.

하지만 우리가 알아야할 것은 자유 영역의 크고 작은 차이가 있지만 각자는 그 나름대로 자유 의지에 의해 행동한다는 것이다. 비록 활동 영역은 크고 작음의 범주 차이가 있지만 자유 의지는 언제나 존재한다. 그 속에는 마음의 선택이 있기 때문이다. 이렇게 본다면 인간은 비록 환경적인 제약이 있지만 모든 인생은 자유라는 인생을 살고 있다.

하나님은 아주 작은 미생물에서부터 만물의 영장인 인간에 이르기까지 우주만물을 자유 의지에 의해 결정을 하도록 만드셨다.

하지만 인간은 동식물에 비해 차원이 좀 다르다. 인간의 자유 의지에는 반드시 선악이 개제되어 있다. 인간은 살면서 자유의 바탕에서 배우자를 선택하고 직업, 종교, 거주지, 취미 등 다양한 선택을 하지만 선택을 하는 대상에는 반드시 선악이 있다.

즉, 마음이 선한 바탕을 가진 자는 선한 방향으로 선택을 하고 악한 바탕을 가진 자는 악한 방향으로 선택을 한다. 그리고 그 속에는 천국과 지옥의 사회가 존재하고 있다.

　다시 말해서 자유 의지에 의해 선을 선택하면 천국 생활을 하고 악을 선택하면 지옥 생활을 하게 된다는 엄연한 영역이 존재한다. 짐승과 달리 사람에게 이 차이가 있는 것은 그만큼 사람에게는 책임이 따른다는 것을 의미한다. 그리고 선택에 대해 책임을 지도록 하기 위해 하나님은 우리가 자유 의지에 의해 선택하는 것처럼 여기도록 만드셨다. 결국 주어진 자유를 가지고 신중하게 결정하며 하늘의 뜻에 맞게 살아간다면 그는 하늘에 맞는 자유인이다. 그러나 자기 기분과 본능에 의지해서 선택한다면 그는 이미 노예로 살아가는 것이다.

　또 어떤 이들 중에는 자유 의지를 부정하는 자들이 있다. 인간은 하나님의 절대 주권 안에 있기 때문에 인간은 자유 의지가 없이 주어진 운명에 내맡길 수밖에 없다고 말한다.

　하지만 이들은 자신이 특별한 존재로 여기고 이기적인 삶을 산다. 내가 보기에 이들이 말하는 절대 주권은 죽음 이후의 구원에 관해서만 말하는 듯이 보였다. 이들이 살아가는 모습은 천국과는 거리가 멀어 보였다. 구원에 대해서는 불가항력이고 삶에 대해서는 세속적 자유를 만끽하고 있었다.

이들은 입으로는 주님의 뜻을 말하면서 실제 삶은 제 마음대로 살아가고 있었다. 무언가 이중적이고 앞뒤가 맞지 않는 그런 논리를 펴고 있었다. 나는 말과 행위가 일치하지 않는 종교인들의 목소리가 듣기 싫었다. 더구나 신앙이 있는 척하지만 이기적인 삶을 사는 모습도 보기 싫었다.

나는 진리는 자유에 대해 무어라고 말씀하는지 알고 싶었다. 성경으로 돌아가 보면, 우선 성경에는 인간들에게 순종할 것에 대한 이야기로 가득하다. 말씀을 지키고 행하라는 구절은 이루 셀 수 없을 정도로 많다. 만약 인간에게 자유가 없다면 이 모든 이야기가 무슨 소용이 있겠는가?

성경의 예를 보면, "그러므로 회개에 합당한 열매를 맺고... 좋은 열매 맺지 아니하는 나무마다 찍혀 불에 던져지리라(눅3:8-9)." 이런 구절은 모두 자유 의지에 관련된 구절이다.

그러니까 성경은 선한 일을 행하는 자는 받아들여지고 악한 일을 행하는 자는 거부된다는 것을 말씀하고 있다. 이는 자유 의지가 있을 때만 가능하다. 사람이 자유 의지를 가지고 선을 행하지도 않고 주님을 믿지도 않으면 주님과 교제에 들어갈 방편이 없고, 개혁과 중생, 구원은 절대로 있을 수 없다.

자유를 배우면서 느끼는 것은 하나님께서 인간에게 자유를 주신 목적을 조금은 이해할 수 있을 것 같았다. 천국은 선으로 이루어진 나라이며 선한 자유 의지를 가진 자들이 있어야만 그나라가 존속할 수 있기 때문이다. 그러기에 선한 의지가 얼마나 소중하고 귀한가?

나는 내게 주어진 자유를 가지고 이 땅에서 어떻게 살고 있는지 반성하지 않을 수 없다. 고로 주님을 믿고 따르는 자는 다음과 같은 말씀을 신중하게 기억해야 한다.

"그리스도께서 우리를 자유롭게 하려고 자유를 주셨으니 그러므로 굳건하게 서서 다시는 종의 멍에를 메지 말라(갈5:1)."

고로 우리가 자유를 지키기 위해 얼마나 노력을 기울여야 하겠는가? 아무도 그리스도인의 자유를 빼앗지 못하도록 힘써야 한다. 교부 암브로스는 사람이 노예로 태어나는 것보다 자유인이 노예가 되는 것이 훨씬 나쁘다고 말했다.

이 책은 자유의 의미와 종류, 노예되게 하는 세력과 노예된 상태, 자유케 되는 길에 대해 영적 의미를 찾았고, 자유를 얻기 위해 인간은 어떤 노력을 기울여야 하는 지를 기록했다.

 그리고 선에서 오는 자유가 진정한 자유라는 사실과 주님이 하신 말씀 중에 진리가 너희를 자유케 한다고 말씀하신 이유를 알게 되었다.

 첫째를 장가보내면서 내 마음에 나는 조금 더 여유로워진 것처럼 느껴졌다. 아마도 자유에 의한 책임을 조금 감당했기 때문이라는 생각에서 올라오는 즐거움인 듯 싶다. 그러나 아직도 내 마음 깊은 곳에는 어떻게 해서든 영적 진리에 대한 무거운 사명감이 짓누르고 있음을 부인할 수 없다.

 이도 또한 자유 의지에 의한 마음이다.

2019년 목련과 벚꽃이 만발한 계절에

김홍찬(Ph.D)

서문
목차

1. 자유의 얼굴

2. 자유의 유익

3. 자유의 수준

4. 성경속 자유와 노예

Part

1

자유의 얼굴

자유는 단지 억압이나 속박 차원으로만
말할 수 없고 무엇에 대한 애착을 갖느냐 하는
차원의 것이다. 즉 애착을 가지고 무엇을 생각하고
뜻하는가 하는 것이다.

자유란 무엇인가

 자유란 무엇인가? 자유에 대한 사전적 정의는 "남에게 구속을 받거나 무엇에 얽매이지 않고 자기 뜻에 따라 행동하는 것"이다. 한마디로 자유는 무엇에든 얽매이지 않는 상태를 말하는데, 무조건적으로 얽매이지 않는다고 해서 모두 자유라고 말하지는 않는다. 무엇으로부터 얽매이지 않는가? 하는 것에는 무엇을 원하는가? 하는 전제가 있어야만 한다.

 고로 자유는 단지 억압이나 속박 차원으로만 말할 수 없고 무엇에 대한 애착을 갖고 있느냐 하는 차원이다. 즉, 무엇을 생각하고 뜻하는가 하는 것이다. 그런 면에서 자유의 정의는 애착의 성취라고 말할 수 있다. 자유에 있어서 애착이 중요한 이유는 애착은 동기를 유발하기 때문이다.

애착의 동기가 있으면 원하는 것이 있고, 그로 인해 만족과 불만족이 있다. 고로 자유의 요건은 애착이다.

예컨대, 누군가가 자신의 일에 대해 애착을 가지고 있어서 그 일을 할 때마다 즐겁고 기쁘다면 그는 자유를 가졌다고 말할 수 있으며 외부의 장애가 생겨서 막혔다면 자유에 문제가 생긴 것이다. 또한 자신의 애착에 반해 강제적으로 행동해야 한다면 분명 자유는 아니다.

애착에 의해 자유가 규정된다면 애착의 대상이 무엇인가 하는 문제가 발생하게 된다. 애착을 크게 분류하면, 선에 대한 애착과 악에 대한 애착으로 분류한다. 선악에 따라 애착의 품질이 다르기 때문이다.

고로 선한 차원의 애착을 가졌다면 천국적 자유이며 악한 차원의 애착을 가졌다면 지옥적 자유라고 말할 수 있다.

천국적 자유는 선의 애착이고 지옥적 자유는 악의 애착을 의미한다. 다시 말해 선의 애착은 천국으로부터 주어진 것이고 악의 애착은 지옥의 상태라고 말한다.

천국 애착을 가진 자는 지옥 애착으로 넘어갈 수 없고 지옥 애착에 머무른 자들은 천국 애착으로 넘어올 수 없다. 둘 사이에는 극단의 경계선이 존재한다. 이처럼 선의 애착적 자유와 악의 애착적 자유에는 거리가 있다.

예컨대, 어떤 사람이 죄를 지었다고 하자. 그래서 그는 양심의 찔림과 갈등에 시달리게 되었다. 그는 자신의 마음속에서 '너, 그렇게 살면 안돼' 하는 소리를 듣게 된다. 이는 마음속에 머무른 선이 악을 보고는 외치는 소리이다. 그는 이 소리로 인해 끊임없는 압박감에 시달린다.

하지만 그는 죄가 주는 쾌락을 느끼면서 죄를 끊으려고 하지 않는다. 이때 그는 죄에 대한 애착을 누리지만 양심의 압박을 받게되어 선으로부터 오는 자유를 잃어버리게 되었다.

이와 반대의 경우가 있다. 인색한 사람이 어쩔 수 없는 사정이 생겨 많은 돈을 가난한 자들에게 나눠주게 되었다.

그는 그 돈이 아까운 생각이 들어 밤잠을 이루지 못하였다. 그는 밤새도록 괴로워 했다. 그의 마음속에는 돈에 대한 애착이 있기 때문이다. 이 경우는 애착이 양심으로 인해 방해를 받는 경우이다. 이 경우도 진정한 자유를 누리지 못하게 된다. 이와같이 자유에는 애착이 개입되어 있다.

한쪽 마음으로는 쾌락을 누리고 싶은데 다른 한편에서는 어쩔 수 없이 희생해야 되는 경우, 인간은 둘 사이에서 갈등한다. 값비싼 보석을 탐하는 여자가 절약해야 하는 현실적인 상황으로 마음의 갈피를 잡지 못하는 상태와 같다.

예컨대, 선의 애착을 가진 자가 선에 반하여 이기적인 행동을 하게 되면 그의 마음은 고통이 따라오고, 악의 애착을 가진 자가 선을 행하면 그 또한 고통스러울 수밖에 없다.

이 부분에 대해 갈등했던 사도 바울은 "원함은 내게 있으나 선을 행하는 것은 없노라(롬7:18)."고 한탄했다. 그는 선의 애착은 있지만 그대로 행동하지 못하는 무기력함으로 인해서 한탄을 하였다. 중요한 것은 애착이다.

주님은 인간의 약함으로 선을 행할 수 없는 것에 대해서는 긍휼을 베푸시지만, 선을 원치 않는 것에 대해서는 긍휼을 베푸시지 않는다. 주님은 인간의 연약함과 의지를 아신다.

이처럼 자유에는 애착의 품질이 형성되어 있으며 애착의 결과에 따라 기쁨 혹은 슬픔이 주어지고 고통과 즐거움이 주어진다.

평형 상태에서의 자유

자유를 알기 위해서는 사람이 어떤 존재인지를 먼저 알아야 한다. 사람의 몸 안에는 마음이 존재한다. 마음을 두고 영혼이라고 부른다. 영혼은 어떻게 존재하는가?

첫째, 영혼은 홀로 독립적으로 존재하지 않는다.

영혼은 영적 존재와 끊임없는 교류를 한다. 인간의 생각은 영적 존재와의 교류에 의해 나온다. 인간은 자신이 원하는 생각만 의식에 떠오르지 않고 예측하거나 생각지도 않은 그런 생각이 떠오른다.

이는 영적인 존재와의 교류에 의해서이다. 영적 존재는 눈에 보이지 않지만 인간의 생각과 끊임없는 교통을 한다. 인간은 다만 떠오르는 생각에 관심을 가질 뿐이다.

생각은 천사 혹은 악령과의 교류에서 주어진다. 이 교류를 통해서 인간은 사물에 대한 지각을 갖게 된다. 만약 인간에게 이런 교류가 없으면 즉시 생각하는 기능이 멈추고 말 것이며 그것은 곧 죽음을 의미한다.

인간은 영적 교류를 통해 생각이 활성화된다. 그리고 생각으로 깨달음을 얻고 행동의 동기 유발이 된다. 고로 생각의 기능이 아주 미미하다면 짐승보다 더 나을 것이 없다.

둘째, 인간은 영적 교류 상태에서 평형 상태에 있을 때만 선택의 기능을 수행할 수 있다. 평형 상태에서 치우치지 않은 공정한 선택이 가능하다. 한쪽으로 기울거나 치우친 상태가 되면 자유로운 선택을 할 수 없다.

그러므로 주님은 인간의 자유 의지를 위해서 평형 상태를 유지하신다. 이는 자유를 훼손하지 않기 위한 주님의 배려이다. 저울로 말하면 완전한 수평 상태이다. 일단 평형이 되면 인간은 정 중앙, 즉 천사와 악령 사이에서 자유가 존재하게 되는데, 바울은 이 부분에 대해 이렇게 말했다.

"여러분이 아무에게나 자기를 종으로 내맡겨서 복종하게 하면 여러분이 복종하는 그 사람의 종이 되는 것임을 알지 못합니까? 여러분은 죄의 종이 되어 죽음에 이르거나 아니면 순종의 종이 되어 의에 이르거나 하는 것입니다. 그러나 하나님께 감사하는 것은, 여러분이 전에는 죄의 종이었으나 이제 여러분은 전해 받은 교훈의 본에 마음으로부터 순종함으로써 죄에서 해방을 받아서 의의 종이 된 것입니다. 여러분의 이해력이 미약하므로, 내가 사람의 방식으로 말하겠습니다. 여러분이 전에는 자기 지체를 더러움과 불법의 종으로 내맡겨서 불법에 빠져 있었지만, 이제는 여러분의 지체를 의의 종으로 바쳐서 거룩함에 이르도록 하십시오. 여러분이 죄의 종일 때에는 의에 얽매이지 않았습니다. 여러분은 그 때에 무슨 열매를 거두었습니까? 이제 와서 여러분이 그러한 생활을 부끄러워하지마는 그러한 생활의 마지막은 죽음입니다. 이제 여러분은 죄에서 해방을 받고, 하나님의 종이 되어서 거룩함에 이르는 삶의 열매를 맺고 있습니다. 그 마지막은 영원한 생명입니다. 죄의 삯은 죽음이요, 하나님의 선물은 우리 주 예수 그리스도 안에서 누리는 영원한 생명입니다(롬6:16-23)."

바울은 인간이 선택하는 그 즉시 평형은 깨지고 자신을 내맡기는 것과 같다고 말한다.

고로 죄로부터 자유하기 위해서는 지체를 의에게 드려야 한다고 강조하고 있다.

이처럼 인간의 자유의지는 평형 상태에서만 기능을 수행할 수 있다. 그렇지 않다면 진정한 자유가 아니다.

주님께서 이 땅에 오신 이유 중의 하나는 온 세상이 어두움과 죄악으로 기울어져서 칠흙같이 된 세상에서 인간으로 하여금 자유 상태에서 선택이 가능하도록 하시기 위함이다. 주님은 인간의 유전 악을 짊어지심으로 더이상 인간이 유전 악의 요소로 선택하지 않고 자유로운 상태에서 선택하도록 환경을 만드셨다. 고로 이제는 인간의 죄악은 자기 스스로 짓는 범죄로 인한 것이다. 이런 사실이 너무 귀하지 않은가!

사실 몸의 심장, 폐, 위, 간, 대장 등은 평형 상태를 유지하고 있다. 그러기때문에 몸의 조직 중 어느 하나라도 평형이 깨질 때 몸의 기능은 작동하지 않는다. 세상 살아가는 동안에 사람은 선과 악의 평형 상태에 놓여있다. 선과 악은 서로 반대되는 세계이다.

셋째, 인간의 삶은 이해와 의지를 가지고 살아간다. 이해는 무엇을 믿느냐 하는 것이고 의지는 무엇을 원하느냐 하는 차원이다. 즉, 사상과 애정의 세계이다.

인간은 애착의 눈을 가지고 어떤 사상과 어떤 애정을 선택하느냐 하는 숙제를 가지고 살고 있다. 고로 인간의 삶은 연속적 선택의 열매이다.

성경은 분명하게 우리에게 경고한다. 인간이 악을 선택하면 지옥과 연결되지만 선을 선택하면 천국과 연결된다는 사실이다. 천국과 지옥을 연결하는 매체는 천사와 악령이다. 인간은 다만 둘 사이에서 순종과 불순종을 반복한다.

인간은 끊임없이 선택하므로 선이든 악이든 어느 한 쪽에 기울어질 수밖에 없다. 성경은 사람이 두 주인을 동시에 섬기지 못한다고 말했다. 하나님이든 재물이든 어느 한 쪽으로 치우칠 수밖에 없다는 말이다. "아무도 두 주인을 섬길 수 없다." 두 주인이란 하나님과 재물, 빛과 어두움, 선과 악에 대한 모양새이다. 한 사람이 두 가지를 동시에 섬길 수 없다. 하나는 미워하고 하나는 사랑하게 된다.

그러므로 인간은 하나님과 악마 사이의 평형 상태에서 자유의지를 가지고 선택하는 존재이다.

자유의 목적

사람은 만물의 영장이다. 사람에게 자유가 주어진 목적은 영적 존재로 서기 위함이다. 동물과 식물, 광물은 자연에 생존하기 위한 본능적 자유가 있지만 사람에게는 자연뿐만 아니라 하늘 나라에 살기 위해 자유가 주어진다. 사람은 이 세상에 태어나서 인생을 마치고 영원한 나라에 이르러야 하기 때문이다. 주님은 이렇게 말씀하셨다.

"예수께서 또 다른 비유를 그들에게 말씀하셨다. 하늘나라는 겨자씨에 비길 수 있다. 어떤 사람이 밭에 겨자씨를 뿌렸다. 겨자씨는 모든 씨앗 중에서 가장 작은 것이지만 싹이 트고 자라나면 어느 푸성귀보다 커져서 공중의 새들이 날아와 그 가지에 깃들일만한 나무가 된다(마13:31-32)."

주님은 자유에 의한 성장을 말씀하셨다. 비록 작은 겨자씨 같이 작은 수준이라고 할지라도 거듭나는 사람은 커다란 나무로 성장한다는 것이다. 이것이 자유의 목적이다.

인간은 육체를 지니고 있는 한 세상에서는 물질에 얽매일 수밖에 없다. 또한 걱정, 근심, 세상 염려 등에 뒤엉켜 영적인 면에서 희미한 상태를 유지한다. 그러나 그럼에도 불구하고 그가 자유를 가지고 거듭나고자 노력을 한다면 씨는 땅에서 올라와 수목으로 자라서 큰 나무로 성장하여 숲을 이룬다.

인간이 저 세상으로 들어갈 때는 억제된 물질적 환경에서 벗어나 자유로 인해 큰 성장을 이룬다. 자유는 이처럼 인간으로 하여금 열매가 풍성하도록 번성시켜 준다. 또한 영원한 자유의 세계에서 영적 성장을 하도록 도와준다. 이는 가장 작은 씨에서 비롯되는데, 주님께서 겨자씨에서 가르쳐 주신 비유와 같다.

어떻게 이것이 가능한가? 그 해답은 진리에 있다. 누구든지 자유 의지를 가지고 진리를 마음속에 받아들인다면 제 아무리 믿음이 작다고 하더라도 꾸준하게 성장하여 결국 성공적인 결과를 보게 된다.

헬렌켈러는 눈멀고 귀가 들리지 않고 말을 못하는 삼중고를 겪는 환경이었지만, 자유 의지를 가지고 진리를 받아들인 후에 말하기를 "우리가 배우는 바, 성장의 진짜 방법은 우리의 한계점을 넘어 위대한 것을 고상하게 열망함과 그것을 위해 분투 노력함이다. 우리는 살고 있는 삶에 깊은 의미를 의식해 나감에 비례해서 영적 성장을 한다. 눈은 특수한 물체를 보는 것을 배움으로 성장한다...어린아이는 자기가 원하는 것, 원치 않는 것을 자기 주위에 있는 것들에서 보고 있다. 뉴톤 (Newton)은 사과가 떨어지는 것을 보면서 자연에 있는 보편적 힘을 인식한 바, 그는 보통의 시야를 넘어서 훨씬 멀리 보았다. 영에 관련해서도 이와 똑같다. 우리는 날마다 접촉되는 것 안에 새로운 생명의 가능성을 더 충분하게 인식할 때 성장을 한다. 그러나 우리가 이런 생명의 원천을 이루는 사실을 무시하거나 망각할 때, 감각은 우리를 엉뚱한 방향으로 인도한다. 우리들 삶의 환경에서 제공된 내적 생명의 위대함을 우리로 알게 한다. 이는 하나님께서는 우리에게 약점이 왜 우리에게 필요한지에 대해 기회를 주셔서 보게 하신다."

진리가 자유하게 한다는 말의 의미

주님께서 자유에 대해 무어라고 말씀하셨는지 알아보자. 주님은 "너희는 진리를 알게 될 것이며 진리가 너희를 자유롭게 하리라(요8:32)."고 말씀하셨다. 이 말씀의 의미는 진리로 인해 마음의 변화를 이루어 새 자아가 형성된다는 의미이다. 즉, 죄로 형성된 옛 자아가 천국의 새 자아로 개혁됨을 말한다. 자유를 갖지 못하고 노예로 살던 사람이 자유로운 삶으로 달라짐을 의미한다.

자아는 의식을 형성하는 생각과 애정의 복합체이다. 자아는 '나' 라고 부르는 자신을 말한다. 자아는 본질적으로 악에서 출발하였다. 고로 본성적 자아는 이기심과 자만이 가득하다.

주님께서는 진리를 통해서 이전의 자아를 새 자아로 만드신다. 그리하여 인간은 새로운 생각과 새로운 애정을 가진 새 피조물이 되며 더 높은 생명을 의식하게 된다. 본성적 자아가 파괴된 그 자리에 새로운 자아가 서게 된다. 새 자아는 이전의 자아보다 더 진정한 자아이다. 즉, 자유로운 자아이다.

인간의 자아가 진리에 다가설수록 자아는 더 완전한 자아가 된다. 자아의 의식 세계는 더 높아진다. 자아는 자유와 합리성을 갖게 되며 높은 차원의 지각을 갖는다. 본성적 수준에서 영적으로 승화되며, 세속적 상태에서 순수 상태로 변화한다. 새 자아는 진리로 창조된 자아이며 선을 사랑하는 자아이다.

고로 인간이 새 자아를 부여받게 되면 천국의 자유와 행복을 누리게 된다. 이런 원리가 주님께서 말씀하시는 자유이다 (요8:32-33). 이런 원리는 진리를 사모하는 자에게 큰 위로와 격려가 된다. 더 큰 자유를 얻게 된다는 약속이기 때문이다.

주님의 말씀을 들은 유대인들은 주님께 이런 식으로 따져 물었다. "우리가 무엇에 묶여 있다는 말인가? 그간 누구 명령을 듣고 산 일이 없는데 우리더러 종이라니…내가 종인가? 정말 이해가 안돼! 우리는 아브라함의 후손이고 종살이를 한 적이 없는데 선생님은 우리더러 자유를 얻게 될 것이라고 말씀하시니 무슨 말씀이십니까?"

이에 대한 주님의 대답은 매우 간결하다.

"죄를 짓는 사람은 누구나 다 죄의 종이다."

주님의 대답은 대단히 명쾌하다. 죄를 지으면 그 자체가 종 노릇하고 있다는 말이다. 죄는 천국과 반대되는 개념이기 때문이다. 이 말속에는 자유는 천국에만 있으며 지옥은 노예로 존재한다는 의미가 있다. 죄는 자유의 본질과 반대되는 개념이다. 즉, 세속적이고 육체적인 관념에 매달린 자들은 죄의 개념을 절대로 이해할 수 없다. 이미 죄의 노예가 되었기 때문이다.

주님은 인간이 이해하는 노예의 개념을 뛰어 넘어 본질적 노예 상태를 말씀하셨다. 주님은 한마디 더하신다.

"종은 영원히 집에 거하지 못하되 아들은 영원히 거하나니(요8:35)." 이는 죄의 노예된 자들의 처하게 될 운명이다.

집은 선의 원리가 마음 안에 거처를 둔 것을 의미한다.

죄의 노예된 자들에게 주님은 해결책의 방법을 제시하신다.

그것은 "그러므로 아들이 너희를 자유롭게 하면 너희가 참으로 자유로우리라(요8:36)."

여기서 아들은 주님을 의미한다.

아! 진실로 위대하고 놀라운 말씀이다. 자유한 상태의 나라의 주인으로써 노예를 언급한 말씀이다. 주님이 보시는 노예는 죄의 노예이다. 죄는 사람됨의 인격을 파괴하고 멸망시키는 원인이므로 노예의 원조이다.

죄는 인간으로 하여금 탐욕에 깊이 빠지게 하고 악에 묶이게 하여 결국 인간을 옭아맨다. 그리하여 죄는 인간을 노예로 만들어 버린다.

인간 세상에서 왕이든 사장이든 성직자이든 관계없이 공통된 원리는 바로 "죄를 짓는 자는 죄의 노예"라는 것이다.

이것은 만고 불변의 영적 원리이다. 그렇다고 해서 우리에게 희망이 아주 없는 것은 아니다. 우리의 희망은 진리이다.

진리는 죄의 수렁에 빠진 노예를 구출해내서 천국의 자유를 누리도록 인도한다.

진리를 통해서 얻어지는 자유는 죄로부터 자유이다.

죄로부터 자유는 의심, 중독, 무지, 거짓 사상으로부터의 자유이다. 그리고 귀중한 자유가 더 있는데 우리의 욕망과 불신으로부터 자유이다.

헬렌켈러는 진리의 유익함에 대해 이렇게 말했다.

"내가 오로지 말할 수 있는 것은 하나님의 말씀은 미개한 신조의 얼룩과 더러움에서 내 혼을 자유하게 했고 그 말씀은 내 인생의 선과 환희가 되었다. 나는 내 선생님의 일에 대한 진가와 섬김에 대한 내 자신의 책임감, 투쟁과 외로움의 시간들, 아주 깊은 환희의 시간들, 정면으로 마주쳤던 거친 진리들, 높은 꿈을 귀중하게 여겨 붙드는 것, 이런 등등과 경이롭게 연결되어 있다. 마치 빛과 색깔, 음악이 눈과 귀에 밀접하게 관련되어 있듯이 진리는 내 정신 기능에 그러하였다. 이 진리들은 더 충만된 감각으로 나 자신을 완전한 존재로 생생하게 의식하도록 들어 올렸다. 날마다 가능성으로 가득한 두 손이 내게 오고 있었다. 그리고 이 과정에서 나는 내 존재의 참과 실재, 축복의 성장, 행동 결과의 뿌듯함 그리고 아름다운 영을 식별해 내고 있다."

그녀는 날마다 가능성으로 가득한 두 손이 자신에게 온다고 말하였는데, 참으로 놀랍고 부러운 말이다.

자유는 주님의 인도하심이다

왜 자유를 두고 주님의 인도하심이라고 말하는가? 사도 바울은 "형제들아 너희가 자유를 위하여 부르심을 입었으나 그러나 그 자유로 육체의 기회를 삼지 말고(갈5:13)."라고 말하였다. 자유로 죄를 지을 기회를 삼지 말라는 것이다.

베드로는 자유하나 그 자유로 악을 가리우는데 쓰지 말라고 경고하였다(벧전2:16). 그는 자유를 가지고 악을 행하는 것도 죄이지만 자유로 죄를 포장하는 것도 더 큰 죄라고 지적하였다. 자유가 주님의 인도하심이라고 말하는 이유는,

첫째, 주님께서 자유를 얻도록 하기 위해 죄에 물든 인간으로 하여금 진리를 배우도록 이끄신다.

인간은 죄악 중에 태어났다. 인간은 태어나면서부터 악의 지

배 아래 있다. 하나님의 형상대로 지음 받은 인간이 악의 지배를 받게 되면 온갖 고통과 불행에 엄습 당하게 된다.

인간은 악의 지배에서 벗어나고자 노력을 기울이지만 이미 죄의 포로가 된 인간은 악의 지배에서 벗어날 가능성이 없다.

우리가 기억해야할 사실은 인간에게 악이 제거되지 않으면 자유가 없다는 점이다. 악을 제거하기 위해서는 악을 시인하고 미워해야만 한다. 또 악을 미워하기 위해서는 애착을 끊어야 한다.

고로 인간은 악을 사랑하므로 악에 머물든지 악을 미워함으로 악에서 벗어나든지 둘 중 하나를 선택해야만 한다.

악을 가지고는 선을 기대할 수 없다. 악의 눈으로는 선이 보이지 않기 때문이다. 악의 눈에는 악만 보인다. 그래서 악한 자는 타인의 악한 면만 자세하게 보게 된다. 그러나 선한 자의 눈은 선과 악을 정확하게 볼 수 있다.

그러므로 진리를 배워야 한다. 진리를 알아야만 선을 행할 수 있기 때문이다. 많은 기독교인들은 천국에서 하는 일은 오로지 하나님만을 찬양한다고 여긴다. 이는 대단히 어리석은 생각이다. 그 나라에서 아무 일도 하지 않고 찬양만 부르면서 살겠는가?

진정한 의미에서 천국의 기쁨은 선한 삶이 드러나는 데서 온다. 선행은 인간에게 행복을 가져다 준다. 우리가 알아야할 사실은 선은 강제가 안된다는 사실이다. 만일 강제로 선행을 해야 한다면 그것은 강요에 의한 것에 불과하다. 주님께서 인간의 행동에서 선행이 드러나기를 바라시는 이유는 자유 의지에 의한 선행으로 인간을 자유하게 하고 말로 다할 수 없는 행복을 주시기 위함이다.

둘째, 주님은 인간의 선한 애착을 통해서 인도하신다. 인간은 애착의 의지를 가지고 있다. 애착에 의해 생각하고 애착을 가지고 행동한다. 하루의 삶은 애착에서 나온다. 애착이 어떠하냐에 따라 생각의 방향이 정해지고 삶이 형성된다.

그러므로 인간의 애착은 그의 삶이 어떤 삶이 되느냐 하는 근거가 된다. 쾌락의 애착을 갖고 있는 자는 끊임없이 자기를 가꾸며 그 일에만 관심을 쏟고 세속적인 일에만 몰두한다. 그에게 의무와 책임이 있지만 그가 의무를 다하지 않는 것은 세속적 애착이 그의 생각을 지배하기 때문이다. 그가 점점 쾌락에 깊이 빠질수록 그의 애착은 악에 접근하게 된다.

그리고 마침내 자유를 잃어버리고 쾌락의 종노릇하게 된다. 오늘날 술과 마약 온갖 중독에 시달리는 이유는 순간의 만족을 얻고자 인생 전체를 송두리째 마귀에게 넘겨주었기 때문이다. 결국 악의 꼭두각시가 되어 자신을 잃어버리고 허무와 방황에 시달린다.

마귀는 인간의 애착을 점령하여 인간을 노예로 만든다. 이미 술과 마약, 성적 쾌락의 노예가 된 자는 그곳에서 벗어나지 못하고 자신의 인생 전체를 악령에게 내어주었다.

고로 애착이 주님의 인도를 받지 못하면 절대로 그곳에서 빠져 나오지 못한다.

그러나 만일 인간이 선에 대한 애착을 갖는다면 그의 마음은 천국의 상태가 되어 진정한 자유가 주어진다. 이처럼 자유는 애착 수준에 따라 다르게 결과 된다. 인간의 마음이 천국이냐 지옥이냐는 애착에 의함이다.

고로 누구든지 천국에 들어가고자 한다면 먼저 자신의 애착을 점검해야 한다. 무슨 애착을 가지고 인생을 살고 있는 지를 살펴보아야 한다. 천국은 하나님을 사랑하고 이웃을 사랑하는 나라이므로 자신이 그에 맞는 애착을 갖고 있는 지를 스스로 판단해야 한다.

만일 지옥적 애착을 가지고 인생을 살고 있다면 회개하여 새로운 애착을 갖도록 해야 한다. 지옥적 애착이 완전 제거되지 않고 어떻게 천국에 들어갈 수 있는가? 인간의 본질은 애착 자체인데 애착이 바뀌지 않은 사람이 어떻게 천국에 들어갈 수 있다고 확신을 하는가? 혹 어떤 이는 말하기를 천국의 확신을 가지면 천국에 갈 수 있다고 말하는데, 만일 그렇게 해서 천국에 갈 수 있다면 애착의 질이 다른 사람들과 어떻게 어울릴 수 있는가? 불가능한 일이다. 주님께서는 인간들이 천국에 들어오도록 하기위해서 먼저 선의 애착을 심으신다.

천국 자유는 선의 애착을 가진 자에게 부여된다. 고로 주님은 인간이 선을 사랑하는 마음이 조성되도록 하신다. 선의 애착을 갖고 있다면 본인은 느끼지 못할지라도 주님께서 주입하신 것이다. 이처럼 애착은 주님의 인도를 받는다.

셋째, 애착에서 생각이 나오기 때문이다. 만일 어떤 자가 세상을 사랑한다면 그는 세속에 맞는 생각이 올라온다. 그는 매우 교만하고 간사하고 거짓되고 불순한 생각을 갖는다.

그는 세속적 쾌락을 즐기는 재미로 살아간다. 그리고 그에 걸

맞는 핑계와 변명을 하게 된다. 그는 비상하게 번득이는 핑계와 변명거리를 끊임없이 생산해낸다. 그의 생각은 끊임없이 거짓과 추론, 그럴듯한 변명을 생산하면서 주위 사람의 충고를 무시한다. 그렇지만 그는 어느새 총알처럼 뛰쳐나가 바깥 바람을 쐬는 것이 자유라고 여긴다.

 그는 홀로 있는 것을 못 견뎌한다. 혼자 있음은 또 하나의 속박이다. 그의 귀에는 모든 것을 내 팽개치고 자유하라고 속삭이는 소리가 들려온다. 그는 이미 자신의 의무와 책임은 벗어 던졌다. 오로지 자유를 만끽하는 것만이 인생의 목적과 행복이 되었다. 그는 마치 돼지가 음식을 진흙 탕으로 만들듯이 그의 영혼은 악의 자유로 인해 더러워졌다.

 이는 악의 애착이 그를 끌고 다녔기 때문이다. 누가 악과 깊은 관계를 맺은 애착을 말릴 수 있겠는가? 주님께서 앞에 나타나서 말씀하신들 그가 듣겠는가? 혹 남편이나 자식이 간섭한다고 될 일인가? 이미 지옥 애착 속에 깊이 물들어 더 이상 선의 무늬도 없는 처지가 되어 이제 그가 가야할 곳은 지옥밖에 더 남았는가?

 반대로 선에 대한 애착을 갖고 있는 자가 있다. 그는 순수하며 겸손하고 언제나 선한 일에 앞장섰다. 그는 경건하게 기도하였고 주님의 말씀을 사모하며 정직하게 살아가는 것을 즐거워하였다. 그는 가난한 자들을 보면 최선을 다해 도와주었고 자녀들로부터 존경과 칭찬의 대상이 되었다.

그는 자신의 삶을 천국의 형상으로 만들어나갔다. 그의 생각은 언제나 바른 생각이 올라왔고 자신이 스스로 반성하려는 생각으로 가득찼다. 그의 마음은 선의 붓으로 천국의 모습을 그려 갔다.

이처럼 애착은 사람의 인생 속에 깊이 연관되어 있다. 그러므로 어떤 애착을 갖느냐에 따라 인생의 열매가 달라진다.

그러면 주님께서는 인간이 자유롭게 하기 위해서 생각과 애착을 어떤 과정으로 인도하시는가?

먼저, 기억속에 진리가 저장된다. 이는 다양한 경로를 통해서 이루어진다. 교육, 삶의 경험, 대인 관계, 깨달음을 통해서 진리가 새겨진다. 그 다음, 고난을 겪게 되면 기억 속에 저장되었던 진리적 생각이 떠오른다. 지난 날에 자신이 한 행위가 잘못되었다는 생각이 떠오른다. 그래서 지난 날의 행동을 후회하고 반성하게 되면서 잘못을 뉘우친다. 이는 마치 소가 되새김질 하는 것과 같다. 기억속에 있는 일을 반추하여 의식으로 끌어올려 다시 심사숙고하며 자기 반성을 한다.

 그 다음, 자기 반성의 생각과 함께 선의 애착이 결합된다. 선의 애착이 바른 생각을 옳다 여기고 그 생각을 붙잡는다. 그는 깨달음을 귀중하게 여기게 된다. 주님은 이런 과정을 통해 인간을 이끄신다. 자기 반성이 떠오르게 되면 그와 동시에 선한 애착이 올라오게 되어 자유가 주어진다. 우리가 지난 날을 되돌아보면서 후회하고 반성하게 되는 시점은 알 수 없다. 이는 다만 그분만이 아시고 그분의 질서에 따라 될 뿐이다.

 고로 애착의 변화는 새로운 생각을 가져오고 마음속에 뿌리를 내린다. 다시 말해서 자유는 애착에서 출발하고 애착 때문에 존재한다. 중요한 사실은 선의 애착과 진리가 결합되는데 이는 자유가 아니면 결합될 수 없다는 점이다. 즉, 자유의지에 의해 결합되기도 하고 자유의지로 분리되기도 한다. 강요한다고 해서 결합되지 않는다.

 예컨대, 부모가 공부하라고 말한다고 해서 자녀가 공부하는 것이 아니고 본인이 공부에 대한 애착이 있어야만 공부하는 것과 같다. 그에게는 공부를 하는 자유가 있고 안할 자유도 있다. 또 청년의 구애에 전혀 반응이 없던 처녀가 어느 날 청년의 행동에 감동받아 마음을 열고 구애를 받아들여 결혼하는 경우도 이와 같다. 이처럼 결합은 자유 의지에서 주어진다.

분명한 사실은 진리는 애착 없이는 절대로 받을 수 없다는 것이다. 진리에 동의한다는 것은 애착함이요 애착하기 때문에 함께 결합된다. 고로 애착은 지식보다 먼저 이루어진다. 애착으로 진리 혹은 거짓을 받아들이거나 선 아니면 악을 행한다. 진리를 받아들여 깨달음으로 선을 행하고자 하는 마음이 올라오는 것은 이미 애착이 결합되었기 때문이다. 이는 자유에 의해 이루어진다.

주님께서 애착을 주시는 것임에도 불구하고 자신의 의지에서 나온 것처럼 보이는 이유는 자유를 위해서이다.

주님의 것임에도 불구하고 인간에게 이런 권한을 주신 것은 인간이 청지기로써 선택에 의해 거듭나도록 하기 위함이다. 이렇게 하지 않으면 인간은 거듭나려고 하지 않는다. 고로 자유가 없다면 인간은 변화의 가능성이 없다.

이것이 자유를 인도하시는 주님의 원리이다.

의지 안에 자유가 있다

인간의 마음은 두 가지로 구분할 수 있다. 이해와 의지이다. 이해는 생각의 기능이고 의지는 애착의 기능을 한다. 의지는 마음속의 핵심이며 노른자와 같다.

인간의 의지 속에 들어있지 않은 것은 자신의 것이라고 말할 수 없다. 흔히 말하기를 "이해는 하지만 그럴 의향은 없다"는 식의 표현을 한다. 이해는 하지만 의향이 없다는 말은 생각을 하지만 의지는 없다는 뜻이다. 이렇게 되면 결국 기억으로만 남아있게 된다.

생명의 핵심을 구성하는 것은 의지이고 의지로 선택할 때만이 인간의 것이다. 고로 진리가 의지에 의해 받아들여지지 않으면 진정한 의미의 진리가 될 수 없다.

따라서 의지가 없는 강압이나 강요에 의한 동의는 동의가 아니다. 주님은 "누가 나에게서 생명을 빼앗아 가는 것이 아니라 내가 스스로 바치는 것이다. 나에게는 목숨을 바칠 권능도 있고 다시얻는 권능도 있다(요10:18)."고 말씀하셨다. 그분이 생명을 내놓으신 것은 자유 의지의 열매이다. 그분은 자신의 의지로 자발적인 희생을 하셨다.

 이어서 주님은 이렇게 말씀하신다. "너희는 내 양이 아니기 때문에 나를 믿지 않는다(요10:26)." 주님의 양은 주님을 믿고 따르려는 의지를 가진 모든 사람을 말한다.

 그것을 받아들이는 자들이 곧 그분의 양이다. 그런데 의지를 가지고 일부러 주님을 거부하는 것이다. 주님을 영접하거나 거부하는 원인은 의지 안에 깊숙이 자리잡고 있다.

 인간은 일생동안 누군가로부터 생각과 의지가 영향을 받는다. 아이는 부모로부터 세상에서 살아갈 습관을 배우고 학생은 교사로부터 학문과 기술을 배운다.

 우리는 누군가로부터 영향을 받으면서 살아간다. 누군가도 역시 또 다른 누군가로부터 영향을 받으면서 살아간다.

 중요한 것은 받아들임이다. 인생은 이렇게 톱니바퀴처럼 서로 물리고 물려 관계를 맺고 있다. 이는 마치 식물이 땅과 공기와 햇빛의 영향을 받아서 씨가 움트고 줄기가 자라서 열매 맺는 것과 같다.

헬렌켈러는 이렇게 말한다. "나는 어둠에서 배회하고 난관과 마주 칠 때, 영으로부터 격려의 음성을 듣는다. 나는 무한의 샘으로부터 쏟아져 내려오는 거룩한 열정을 느낀다. 나는 하나님의 맥박을 가지고 연주하는 음악에 짜릿함을 느낀다. 보이지 않는 우주 법칙에 의해 태양과 행성이 묶여 있는 것 같이 영혼에 묶여 있는 영원한 불꽃을 느끼고 있다. 나는 여기 내가 매일 마시는 공기 가운데에서 영의 비가 쏟아짐을 느낀다. 나는 땅 위의 모든 것은 천국과 매여 있다는 진리를 알고 있다. 비록 이 땅에서 어둠의 침묵에 의해 감금되어 있지만 죽음이 나를 자유하게 할 때, 내 눈에 수천 배의 시력을 가져다 줄 빛을 나는 소유하고 있다."

그가 말한 것처럼 '영혼에 묶여 있는 영원한 불꽃' 은 의지속에 불타오르고 있다.

자유의 근원

 자유의 근원은 어디인가? 자유는 처음과 나중 되시고 시작과

끝이 되시는 주님이다. 생명의 원천지는 주님이며 주님으로

부터 생명이 흘러서 각자에까지 전달되고 전달된다.

 다른 말로 하면 주님께서 생각과 뜻에 영향을 미치도록 하신

다. 생각 속에 진리가 있고 뜻 가운데 선이 있으면 생명이 있

는 상태이다. 인간은 혼자 존재한다는 것은 불가능하다.

 인간은 생명의 근원되시는 주님으로 말미암아 생각하고 의

지를 갖는다. 우주 만물은 보이지 않는 세계와 연결되어 존재

한다. 생명의 원천없이 스스로 존재할 수 있는 것은 이 세상

에 아무 것도 없다.

 반대로 악은 지옥과 연결을 맺는다. 지옥과 연결을 맺으면 주

님과는 정반대가 된다. 지옥은 천국을 뒤집은 그림자 상태이다. 빛의 반대편에 그림자가 생기듯이 지옥은 천국의 반대편 어둠이다. 어둠의 세계로부터 생각과 사랑, 애착, 쾌락, 자유에 영향을 받는 것이다.

그리고 천사와 악령은 인간에게 보이지 않는 세계와 연결하는 매체이다. 하나는 주님과 관계를 맺어 선하도록 하고 다른 하나는 지옥과 연결을 맺어 악하게 만든다.

선의 전달자와 악의 전달자에 의해 인간은 천국 혹은 지옥의 영향권 안에서 존재한다.

만일 천사가 인간에게 생명을 전달하지 않는다면 인간은 그 순간 진리를 생각하고 선을 뜻하는 기능이 즉각 멈추어지고 말 것이다. 이렇게 된다면 생명의 결핍이 생긴다.

반대로 악령의 교류가 없다면 거짓을 생각하고 악을 뜻하는 기능도 즉각 멈추어지고 말 것이다.

천사와 악령이 사라질 가능성이 있는가? 그럴 일은 없다.

천사와 악령은 끊임없이 인간과 더불어 존재한다. 자비하신 주님께서는 이 세상과 저 세상에서 쉬지 않고 인간을 돌보신다. 이 땅에 수많은 인류가 왔다가 죽음 저편의 세계로 건너갔지만 천사와 악령에 의해 인간은 천국 혹은 지옥과 교통했다.

모든 이의 생명은 -심지어 천사라고 할지라도- 생명은 생명되신 주님으로부터만 주어진다. 그리고 그 생명을 부여받은 영혼은 낙원에 퍼진다. 마치 민들레 홀씨가 바람이 흩뿌리듯이 말이다.

하나님의 생명은 인간의 성향과 기질에 따라 천차 만별로 나타난다. 공통적인 것은 선한 자는 선한 삶으로 나타나고 악한 자는 악행으로 드러난다.

예컨대, 태양의 빛은 온 땅에 비취지만 비치는 물질에 따라 다르게 반사된다. 빛이 살아있는 동물에게 비칠 때는 더욱 생동력이 있지만 죽은 짐승에게 비치면 썩어 부패하게 된다.

광물도 마찬가지이다. 빛이 투과할 때 어떤 것은 아름다운 색깔을 드러내고 어떤 것은 어두운 색깔을 드러낸다.

인간의 경우, 생각 속에 거짓이 들어오고 의지속에 악이 드러나는 모습은 다양하다. 어떤 이에게는 거짓으로 또 다른 이는 폭력으로 혹은 이간질하는 것, 혈기, 사기와 음모, 지배력을 과시함, 이간질하는 것 등 이루 말할 수 없이 종류가 다양하다. 반대로 인간에게 진리가 들어와서 선을 드러내는 모습도 다양하다.

주님은 어떻게 인간을 자유하게 하시는가?

주님께서 인간을 자유하도록 하시는 방법은 인간을 거룩하게 하는 것이다. 죄에서 벗어나 주님의 신성을 받는 것만이 인간을 자유하게 하는 길이기 때문이다.

그래서 그분은 이 땅에 오셔서 인간 본성을 입으시고 먼저 자신을 거룩하게 하심으로 거룩의 길을 여셨다. 그리고 인간들로 하여금 그 길을 따라오도록 하셨다. 주님은 이렇게 기도하셨다.

"그들을 위하여 내가 나를 거룩하게 하오니 이는 그들도 진리로 거룩함을 얻게 하려 함이니이다(요17:19)."

주님은 진리로 제자들을 거룩하게 해달라고 아버지께 기도하셨다. 주님의 이런 기도는 기독교 신앙의 본질이고 육신을 입으심의 목적이며 구원을 위한 희망이다.

주님께서 자신 안에 있는 인성을 정화하신 것은 그를 따르는 자들의 본성이 정화되도록 하기 위함이다. 그분은 하나님이심에도 불구하고 죄된 인성을 입으셨으며 그분 스스로 정화하심으로 인성을 완전하게 회복시키셨다.

그분이 아무리 위대한 능력을 가지셨다고 하더라도 이 방법 외에는 인간 본성을 거룩하게 할 수가 없었던 것이다. 그분은 인간을 거룩하게 하시기 위해 이 땅에 오셨다. 이 위대한 진리를 이해하지 못하면 주님께서 육신을 입으신 참된 의도를 모를 수밖에 없다.

그분은 하나님의 아들 측면에서는 거룩하셨지만 마리아의 아들 측면에서 인간의 연약함을 상속받았다. 인간 본성에는 죄짓게 하는 시험과 죄의 경향성이 들어있다.

고로 죄를 해결하기 위해서는 그분께서 악이 포함되어있는 인간 본성을 입으셔야만 하셨다. 주님께서는 거룩으로 죄악을 이기셨다. 이런 관점을 가지고 우리는 다음 구절을 읽어야 한다.

"그분께서 스스로 우리의 죄를 깨끗케 하심으로 그분은 높은 곳에 계신 위엄의 우편에 앉으셨다(히1:3)."

"이러한 대제사장은 우리에게 거룩하고 악이 없고 더러움이 없고 죄인과 분리되고 하늘보다 높이 되셨다.

그분은 대제사장이 먼저 자기 죄를 위해 그 다음 백성의 죄를 위해 제사드린 것처럼 할 필요가 없는 분이 되셨다. 그분은 한번 자신을 제물로 드려서 끝내셨다(히7:26-27)."

그리스도의 순수성은 죄로부터 자유함에 있다. 주님께서 세상에 오셔서 인류의 인성을 거룩하게 한 것처럼 그분을 따르는 모든 제자들도 그렇게 되기를 원하신다.

그러므로 우리는 기도를 할 때 먼저 자신의 죄를 고백하고 죄가 제거되기를 적극적으로 바래야 한다. 자신의 죄가 무엇인지 알고 시인하고, 신성한 권능만이 그 죄를 제거할 수 있다는 것을 인정해야 한다. 고로 자아를 제단 앞에 엎드려지게 하고 주님을 높이어 신성한 의지에 인간 의지를 절대 복종케 하는 것이 진정한 예배임을 깨달아야 한다.

새 피조물은 인간 의지로부터 태어나는 게 아니라 하나님의 의지로부터 태어난다.

주님은 자유의 근원자로써 인간들에게 새 의지안에 자유를 주심으로 인간들에게 생명이 가득하기를 원하신다.

"너희는 하나님께로서 나서 그리스도 예수 안에 있고 예수는 하나님께로부터 나와서 우리에게 지혜와 의로움과 거룩함과 구속함이 되셨으니 기록된바 자랑하는 자는 주안에서 자랑하라 함과 같게 하려 함이니라(고전1:30)."

천국 자유와 지옥 자유

자유에는 질(質)이 있다. 많은 사람들이 자신은 노예 생활을 하면서도 자유롭다고 착각하는 이유는 참된 자유와 환상적 자유를 구분하지 못해서이다. 이는 자유의 질적 문제이다. 진정한 자유는 천국 자유이며 노예적 자유는 지옥 자유이다.

천국 자유는 주님으로부터 비롯된 자유를 말하고 주님께서 말씀하신 '아들이 자유케 하면 자유하리라'고 말씀하셨던 그 자유이다(요8:36). 반면에 지옥 자유는 죄와 악마로부터 비롯된 자유인데 인간 스스로 걸머진 보편적인 것이다.

고로 자유는 인간의 것이 아니고 외부로부터 주어진 것이며 그리스도께서 우리의 죄를 대속하심으로 얻게 되는 자유야말로 진정한 자유이다.

천국 자유에는 주님 사랑과 이웃 사랑이 담겨 있다. 이 자유를 가진 자는 주님과 이웃을 사랑한다.

반면에 지옥 자유는 천국 자유와는 정반대이다. 지옥 자유에는 자아 사랑과 세상 사랑이 들어있다. 자아 사랑과 세상 사랑은 사람들로 하여금 이기적이 되도록 하며 쾌락적 즐거움에 빠지게 된다. 지옥 자유는 자유인 듯이 보이지만 실상은 질적으로 노예적 상태일 뿐이다. 그러면 천국 자유와 지옥 자유를 어떻게 구분할 수 있는가?

첫째는 삶에서 올라오는 기쁨의 수준을 통해서 알 수 있다.

천국 자유는 사랑의 열매를 통해 천국의 기쁨이 주어지고 반면에 지옥 자유는 쾌락에 깊이 젖어든다. 당신이 무슨 일을 했을 때 기쁨이 올라오는가? 아니면 쾌락이 올라오는가? 를 구분해 보라.

당신이 이기적인 목적과 욕심으로 쾌락을 누린다면 자유인 것처럼 느껴지지만 실상은 노예적 상태에 불과하다. 예컨대, 도박이나 중독은 순간적 만족을 주지만 그 결과는 파산이다. 당시에는 쾌락에 심취하여 만족스러웠지만 그 일로 인해 주변인이 고통을 당하고 의지가 파괴되는 중독에 빠진다.

반대로 고생해서 번 돈을 아껴서 가난한 자의 배고픔을 해결해 주었다면 속에서 올라오는 기쁨을 느낄 것이다.

이로 인해 이웃은 큰 희망을 갖게 되고 자신은 천국의 기쁨이 주어진다. 기쁨과 쾌락은 이와 같은 차이가 있다.

둘째, 천국 자유와 지옥 자유의 차이는 천사와 악령의 끌림이다. 천사들은 사람들로 하여금 오직 주님을 기쁘게 하는 방향으로 인도한다. 천국 자유를 가진 자는 자신을 높이지 않는다. 이들도 자신의 생각과 뜻에 따라 살아가기는 하지만 자신의 행위가 주님으로부터 주어진 것이라고 믿는다. 그는 주님께서 자신에게 더욱 가까이 계시면 계실수록 진리 안에서 더욱 자유하게 된다.

그러나 악령은 인간을 지옥과 교류하면서 끊임없이 정욕을 주입하면서 죄악의 길로 끌고 간다.

어리석은 이들은 악마의 속삭임에 속아서 따라간다. 이런 자는 모든 것을 자기가 하는 것이라고 여기기 때문에 우선 교만하며 온갖 정욕과 미래에 대한 염려와 근심 걱정에 휩싸이게 된다. 또한 그는 밤낮으로 악한 생각에 시달린다.

이들의 특징은 무엇이든 겁박하며 소리를 지르고 화를 내고 매우 충동적이고 사기성이 강하며 쾌락을 위해 매우 잽싸게 움직인다. 이미 그는 악령의 조종을 받고 있다. 인간은 천사의 인도가 있으면 온순하게 된다. 그는 기쁨과 행복에 의해 인도받기 때문이다. 그러므로 진정 자유하기 위해서는 쾌락을 주는 악령과 투쟁을 해야만 한다.

셋째, 천국 자유는 쉼이 있다.

주님은 "나는 마음이 온유하고 겸손하니 내 멍에를 메고 나한테 배워라. 그리하면 너희는 마음에 쉼을 얻을 것이다. 내 멍에는 편하고 내 짐은 가볍다(마11:30)."고 하셨다.

인간은 악의 노예가 되어 신음 소리를 내고 있다.

진정 "사악한 자에게는 쉼이 없다." 쉼은 정의 속에서만 얻을 수 있기 때문이다. 정의는 정의 자체되신 그분 안에서만 발견된다. 고로 주님이 주시는 쉼을 얻기 위해서 회개의 열매를 가지고 그분께 나아가야 한다. 주님은 인간의 모든 슬픔을 지시고 인간을 위로하시는 분이시다.

주님은 언제나 인간을 초대하신다. 주님의 부르심에 응답하는 자들은 온유하시고 겸손하신 예수의 멍에가 영혼에 안식 주심을 배우게 된다.

주님은 인생의 무거운 짐을 지고 허덕이면서 쉼을 찾는 인간을 초대하시면서 그분의 멍에를 메고 배우라고 말씀하셨다.

"나는 심정이 온유하고 겸손하니 내 멍에를 메고 나에게 배워라." 우리가 사탄의 짐을 벗어 던지려고 하면 그리스도의 멍에를 메어야만 한다. 즉, 죄의 멍에가 정의의 멍에로 대체되어야 한다. 주님의 멍에를 멘다는 것은 그분의 사랑을 받는 것이고 그분에게서 배운다는 것은 그분의 진리를 받는 것을 뜻한다. 주님을 닮는 자는 영혼의 쉼을 발견한다.

"내 멍에는 편하고 내 짐은 가볍다." 주님의 멍에는 사랑의 멍에이므로 쉼이 있다. 또한 그분의 짐은 진리의 짐이므로 가벼울 수밖에 없다.

따라서 우리가 그분의 멍에와 짐을 진다면 노예의 압박이 없고 행복만이 있을 뿐이다. 그 속에 사랑과 진리가 있기 때문이다. 많은 이들이 천국을 위해 살아가는 것은 고달픈 삶이라고 예상하지만 그렇지가 않다. 주님께서 세상에 오신 목적은 우리로 하여금 천국 길을 더 쉽고 확실하게 입장하도록 해주시기 위함이다.

그러므로 우리는 그분의 멍에를 짊어져야 하는 이유는 간단하다. 그분의 멍에는 자유를 주기 때문이다.

주님께서도 스스로 멍에를 지심으로 우리에게 모범을 보이셨다. 그분은 하나님의 아들로써 죄의 본성을 입으셨고 진리로써 죄를 이기심으로 율법의 멍에에서 자유하셨으며 그리고 영화롭게 되셨다.

우리는 주님이 걸어가신 그 길을 따라가야만이 진정 자유를 얻을 수 있다. 다른 길은 없다. 그분의 멍에와 짐을 지는 것밖에는 다른 방법이 없다. 그러므로 주님의 자유케 하는 멍에를 우리의 멍에로 여기거나 반대로 우리의 멍에를 주님의 멍에로 해석해서는 안된다. 많은 이들이 자의적으로 판단하여 이런 오류를 범하고 있다.

우리는 주어진 자유를 가지고 악마와 죄와 분노와 사망과 지옥의 멍에에서 자유케 되었다. 주님은 우리가 기쁨과 평화의 나라에 도달하기까지 한 시도 눈을 떼시지 않으시고 자유를 지키도록 함께 해주신다.

주님은 우리에게 "두려워하지 말라! 내가 세상을 이기었노라." 고 말씀하신다. 그러므로 담대하라! 걱정하지 말고 끝까지 인내하며 나아가자!

동식물의 자유

동식물의 세계에도 자유 의지가 존재한다. 예컨대, 짐승이 먹이감을 선별하여 먹거나 자기를 보호하기 위해 여러가지 방법으로 몸을 숨기거나 종족 번식을 위해서 암컷과 수컷을 선별하는 것도 나름대로 자유 의지가 있기 때문이다.

개는 하얀 눈을 좋아하고 소는 붉은 색을 보면 흥분한다. 개가 보기에 눈은 불꽃 놀이처럼 보이고 소 앞에 깃발을 흔들어대면 흥분한다.

누에는 자유에 의해 명주실을 뽑아내고 벌은 자유에 의해 꿀을 따오고 딱다구리는 자유에 의해 나무에 구멍을 파고 아파트를 건설하며 새는 자유에 의해 공중에 날아다닌다.

식물도 마찬가지이다. 식물은 씨가 발아되어 줄기가 자라고 열매를 맺는다. 그리고 열매 속에 씨를 만들어 퍼트린다.

나무의 섬유 조직은 충분하게 햇볕을 받아 따뜻해져서 수관을 통해 수액이 올라온다. 같은 종류이지만 하나도 같은 나무가 없는 것은 나름대로 자유가 있기 때문이다.

곤충들도 비록 미미할지라도 자유 의지를 가지고 자기 보호를 하며 먹이 사냥을 하고 짝짓기를 한다. 나뭇잎을 돌돌 말아 보금자리를 만드는 뿔거위 벌레, 나무 줄기 속에 굴을 파고 사는 참나무 하늘소 애벌레, 5년이나 깜깜한 땅속에서 지내다가 땅 위로 올라오는 매미가 있다. 이들도 본능적 자유에 의해 움직인다.

광물은 어떤가? 금, 은, 쇠, 돌 등도 공기 중에 기운을 흡수하여 자유롭게 기를 발산한다. 다이아몬드가 되는 것은 석탄의 변화에 의해 이루어진다.

모든 자연 만물에는 그 정도는 미미하지만 본성에 맞는 자유가 있기 때문에 먹이를 찾고 자기를 보호하며 짝짓기를 한다. 이렇게 해서 자연 만물은 자유에 의해 종족 번식과 성장과 발전을 한다.

자유의 착각

　흔히 인간들은 자유에 대해 말하기를 아무런 제약 없이 자신이 원하는 대로 행하는 것이라고 생각한다. 그것은 착각에 불과하다. 그들이 말하는 자유란 하고 싶은 말을 표현하는 것과 방해받지 않고 즐거움을 마음껏 누리는 것이다. 이는 자유를 모르는 자들의 말이다. 왜냐하면 사람은 욕구가 모두 다르기 때문이다.

　지옥 상태의 마음을 가진 자의 자유는 세속적 탐욕에 불과하다. 이런 자유 속에는 타인의 어떤 것을 빼앗는 것도 포함된다. 정말로 이렇게 행동하는 것을 자유라고 말한다면 그로인해 피해자가 반드시 나오게 마련이다.

　이런 자들은 이렇게 말한다. "내가 내 마음대로 행동하는데 당신이 무슨 상관이야!", "이는 내 권리야! 내 돈 가지고 내 맘대로 쓰는데 당신이 뭔데 감 나와라 배 나와라 하느냐"

이 말속에는 자신의 행위로 인해 남에게 피해주는 것을 고려하지 않았다. 오히려 자신의 지배력을 과시하는 것도 자유라고 여기고 만족을 만끽한다. 이것을 과연 자유라고 말할 수 있는가?

만일 이런 즐거움에 빠져서 살아가는 자에게 이런 낙을 빼앗아 버린다면 그들은 기운이 쭉 빠져버린 멍청이가 되어서 아무 기능을 못할 것이다. 쾌락을 자유라고 여기는 자들은 일상적인 삶에서 의무를 다하고 작은 일에 행복을 느끼는 것을 무척 지루해 하면서 하루하루 시간보내기가 힘들다. 이들은 자기를 높이고 악행할 기회가 생기면 뛸 듯이 즐거워하고 힘과 에너지가 생긴다. 그간 악의 즐거움으로 에너지를 충족시켜왔기 때문이다.

예컨대, 어떤 불량한 자가 세상에 살면서 자기는 분명 천국에 갈 수 있다고 확신하였다. 그는 확신을 가지고 신앙 좋은 것처럼 말했다. 시간이 흘러 그가 죽었다.

주님의 자비에 의해 기적적으로 천국에 들어갈 기회가 생겼다. 우선 천국에는 탐욕을 가지고 살 수가 없으므로 그간 살면서 터득해왔던 탐욕을 모두 제거하였다. 그러자 그에게 이상한 변화가 생겼다. 그가 한순간에 멍청이가 된 것이다.

그는 한발자국도 더 이상 몸을 움직일 수 없게 되었다. 그는 유아처럼 아무 것도 할 수 없는 상태가 되었다. 그는 본래의 모습으로 되돌려 달라고 신(神)께 기도하였다. 그러자 그가 소유하였던 탐욕과 거짓이 주어졌다. 그제서야 그에게 힘이 생겼다.

그의 마음은 자신과 세상을 사랑하는 상태로 바뀌어졌다.

하지만 이 모습으로는 천국에서 도저히 살 수 없기에 그만 그는 천국에서 쫓겨 났다. 그에게 맞는 상태의 나라 지옥으로 떨어지고 말았다. 이 교훈은 무엇을 말하는가? 만일 인간에게 주도적 애착이 거두어지면 결국 그는 유아처럼 아무 것도 모르는 백지 상태가 되어 버린다는 것이다. 이 말은 인간이라는 존재는 주도적 애착에 따라 살아간다는 것을 말해준다. 주도적 애착은 자신의 자유에 의해 쌓아놓은 결과이다.

자유에 대한 오해

자유에 대한 오해는

첫째, 사람들은 양심 없이 살아도 자유롭게 살 수 있다고 생각한다. 고로 자유롭게 살기는 바라지만 양심을 바르게 하고자 할 의도는 없다. 중요한 사실은 양심없이 살아간다는 말은 이미 자유를 잃어버린 증거이다. 노예 상태에 놓인 자들을 가만히 살펴보면 모두 양심 결여가 드러난다.

양심 결여된 자들은 자유가 무엇인지 알 수가 없다. 양심은 진리를 밝히는 등불이기 때문에 진리없는 사상과 행동은 결국 거짓의 노예가 되는 수밖에 없다. 진리와 거짓은 결코 공존할 수 없다.

이에 대해 주님은 죄를 짓는 자는 죄의 종이라고 말씀하셨다. 죄를 가지고는 자유의 삶을 살 수 없다는 말이다. 자신의 삶이 죄를 지으면서도 노예라는 사실을 깨닫지 못한다면 죽음 저편의 영원한 나라에 들어갈 때 분명 노예의 처지에 떨어졌음을 알게 될 것이다. 왜냐하면 지옥은 그 자체만으로도 노예 생활이기 때문이다.

두번째, 자유에 대한 오해는 규칙을 무너뜨리고 본성적으로 행동하는 것을 자유라고 여기는 것이다. 즉, 마음가는 대로 행동하는 것을 자유라고 여긴다.

이들은 자신들은 누구의 눈치를 보지 않고 자연스럽게 행동하는 것을 자유로 여기며 그런 행동을 해도 되는 것인 양 떠들어댄다.

포스트모던 사회의 특징은 규칙을 싫어한다. 그래서 모든 규칙을 무너뜨린다. 이들은 자신의 본성에 충실하라고 떠들어댄다. 이들은 자기 사랑을 외치고 자신이 하고 싶은 일을 하면서 살아가는 것을 인생의 목적으로 여긴다. 그렇다면 그렇게 자유롭게 살아가는 자에게 행복이 주어졌는가? 하는 것이다.

본능에 심취한 자들이 흥분해서 떠드는 소리를 들어보면 가관이다. 그들은 엄청난 에너지를 동원해서 자신의 욕심을 내세우고 온갖 변명거리를 가져와서 자기를 자랑하거나 변명하면서 장황하게 널어 놓는다. 이런 자의 행동을 보면 마치 돼지가 괴성을 지르는 것과 같고 뱀이 대가리를 쳐든 것과 같다.

악독한 독을 뿜어내는 독사처럼 상대방을 파괴하려고 극렬한 행동을 하지만 이미 악령에 점령당한 상태에서 노예 신분으로 억지 주장을 하고 있을 뿐이다. 그들의 모습을 보라.

이미 사악한 기운이 느껴지지 않는가? 악령이 영혼을 지배하여 분별력을 잃어버린 어리석음이 느껴지지 않는가?

그의 얼굴은 악에 일그러졌고 표정은 경직되었으며 그들의 목소리는 지옥에서 새어나오는 음산한 목소리와 같다.

이들의 말은 궤변이고 자신이 지옥에 묶여있는 노예임을 증명하려는 억지만이 난무하다. 이런 악한 자의 행동에 대해 주님께서 이렇게 말씀하셨다.

"죄를 범하는 자는 누구든지 죄의 종이다." 이들이 입으로 말하는 자유는 노예의 푸념에 불과하다. 이런 자유는 악령과 결탁되어 있으며 탐욕에 끌려다니는 쾌락에 불과하다. 악령은 이들에게 탐욕에 의해 살아가는 것을 자유라고 부추기면서 이들을 멱살을 잡고는 지옥으로 끌고 간다.

가룟 유다가 그 예이다. 유다는 진리를 따르기 보다는 욕심에 눈이 멀어 스승을 팔아버리고는 결국 목을 매어 자살하고 말았다. 유다도 자신이 주님을 팔아 넘기는 것을 자유라고 생각했다. 하지만 그가 자유라고 여기는 배경에는 악령의 유혹이 자리 잡고 있었다. 이런 자유는 온갖 구더기가 모여 사는 더러운 웅덩이의 지옥에서 새어나온 자유이다.

자유와 강요

자유와 강요가 동시에 존재할 수 있는가? 예컨대, 인간이 구원받기를 원치 않는데 하나님이 구원을 하시고자 하시면 과연 구원이 이루어지는가? 인간이 원치 않아도 하나님의 특별한 예정으로 구원을 받을 수 있는가?

여기에 대한 의문을 다음의 성경 구절로 생각해 보고자 한다.

"우리의 구세주 하나님께서는 모든 사람이 다 구원을 받게 되기를 바라신다(딤전2:4)."

"누구라도 멸망하는 것을 바라지 않으신다(벧후3:9)."

하나님의 뜻만 본다면 모든 사람은 구원될 것이다. 그러나 우리가 알아야할 사실은 주님께서는 구원의 목적뿐만 아니라 수단까지도 구원되기를 원하신다는 것이다.

구원의 과정도 구원되기를 원하신다. 그분은 우리가 구원받기를 원한다면 정욕을 버리고 십자가를 지고 진리의 길에 들어서야함을 말씀하셨다. 다시 말해서 우리가 구원받기 위한 몫을 감당해야 한다. 두렵고 떨리는 마음으로 자신의 구원을 위해 힘써야 한다(빌2:12).

이를 위해서 주님은 우리들에게 마음의 소원을 불러 일으켜 주신다. 그리고 행할 힘도 주신다(빌2:13).

그런데 사람들은 말하기를 하나님이 인간을 사랑하시고 구원을 예정하시면, 인간이 어찌 복종하지 않을 수 있는가 하면서 하나님의 절대적 주권으로 인간은 구원될 수밖에 없다고 주장한다. 더구나 어떤 자는 자신은 특별 은혜를 입은 자라고 말하면서 과거의 죄, 현재의 죄, 미래의 죄까지 다 해결되었다고 주장한다. 주님께서 그렇게 하셨다고 주장한다.

고로 이후에는 무슨 죄를 지어도 죄가 되지 않는다고 강력하게 주장한다.

이들은 주님이 뜻하시면 못할 것이 없고 하나님이 역사하시면 무엇이든 가능하다고 말한다. 대단히 하나님을 높이는 듯 보이지만 이는 진리를 알지 못하는 어리석은 자의 말이다.

왜냐하면 그분은 모든 이가 구원되기를 원하지만 인간이 구원받기를 스스로 동의해야만 구원을 베푸실 수 있다.

바로 이 부분이 우리 인간의 생각과 다른 점이다. 그분은 구원을 강요하시지 않는다. 강요 구원에 대해 그분의 권능은 발휘되지 않는다. 왜냐하면 강요된 구원은 천국 원리와는 반대되기 때문이다. 천국은 주님 사랑과 이웃사랑의 법으로 움직이는 나라이다. 실제적으로 이런 사랑은 자유 의지로만 가능하다.

만일 이 세상에서 온갖 죄악을 범하면서 정욕적으로 살던 인간이 구원받아 천국에 왔다면 그가 과연 천국의 질서에 맞게 살 수 있는가? 만일 그렇다고 한다면 아마도 그는 그곳에서도 자신의 정욕과 욕심대로 행동하여 천국의 질서를 무시하고 심지어 천국을 파괴하려고 할 것이다. 그럴 일은 없겠지만 하늘나라의 평화가 깨지고 크게 소동이 날 것이다.

이 말은 진리의 원리에 일치하게 살아야만 구원이 가능하다는 말이다. 따라서 구원받고 안 받고는 자신이 자유 의지로 영접하느냐 하지 않느냐에 달려있다.

주님의 뜻과 당사자의 의지가 일치할 때 구원이 가능하다.

성경에 이런 구절이 있다. "예수께 한 나병환자가 절하면서 말하기를 주여 원하시면 저를 깨끗하게 하실 수 있나이다. 예수께서 손을 내밀어 그에게 대시며 이르시되 내가 원하노니 깨끗함을 받으라 하시니 즉시 그의 나병이 깨끗하여진지라(마8:2-3)."

나병 환자의 간절한 요청에 대해 주님은 손을 대시고 즉각적으로 치료해 주셨다. 주님의 손은 인간에게 작동되는 그분의 권능을 의미한다.

주님께서 나병 환자에게 손을 대심은 그분의 권능이 영혼 깊은 곳에 들어오도록 허용된 것을 의미한다. 영혼에 영향을 미친 것을 말한다. 주님의 힘이 당사자와 교통하여 생각과 애정에 결실을 맺은 것이다. 그리고 치유가 있게 되었다.

여기서 중요한 점은 즉시 나병이 깨끗해졌다고 해서 구원으로 착각해서는 안된다. '즉시' 라는 말은 시간적 의미가 아니고 상태적 의미를 표현한다. 따라서 '즉시' 라는 단어를 읽을 경우는 '확실하게'(certainty) 라고 이해해야 한다. 우리가 말하는 즉시 라는 말은 지금 당장이라는 의미로 쓰이지만 마음 속의 의미로 보면 확실함, 분명함, 명백함과 같은 상태를 의미한다. 이는 마음의 변화이며 뚜렷하고 확실하게 거듭남이 이루어진 상태를 의미한다.

다른 예를 들면, 주님께서 저주하신 무화과 나무가 즉각 말라 버렸다. 제자들이 이것을 보고 놀라서 "무화과 나무가 어찌하여 그렇게 당장 말라버렸습니까?" 하고 물었다(마21:20). 한 때 우람하던 나무가 볼품 사나운 나무로 전락되었다.

사실 이런 일은 교회나 개인에게도 적용된다. 확실하고 뚜렷하게 거듭남이 진행되지 않으면 어느새 말라버린 무화과 나무처럼 변할 수 있음을 경고하고 있다.

하물며 구원받기에 대해 관심도 없고 모호하고 의향도 없는 자가 선택과 예정에 의해 천국에서 살 수 있다니 어떻게 그것이 가능한가 하는 말이다.

그러므로 인간이 진실로 구원을 원한다면 주님과 협동을 이루어야만 한다. 이런 관점을 이해하였던 감리교회 창시자 요한 웨슬레는 구원의 방법에 대해 '신인협동설' 을 주장하였다.

그는 구원을 받기 위해서는 전적인 하나님의 은혜와 인간의 전적인 응답이 일치해야 함을 말했다.

사랑안에 있는 자유

사랑안에 자유가 포함되어 있기 때문에 자유는 사랑에서 우러 나온다. 누구든지 사랑하는 마음으로 하는 것은 시간가는 줄 모른다. 인간이 사랑하는 마음으로 행동하는 것은 자유 의지로 행하는 것이 되기 때문이다.

중요한 사실은 사랑이 진리와 더불어 있어야만 진정한 자유가 된다. 사랑속에 진리가 없으면 무질서하고 충동적이고 질서가 허물어지기 때문이다.

진리는 사랑의 자유로 들어가는 관문이다. 진리 없는 자유는 사랑에서 멀어질 수밖에 없다. 주님 사랑과 이웃 사랑에는 진리가 들어 있다.

주님 사랑과 이웃 사랑의 자유가 진정한 자유인 까닭은 진리를 사랑하는 자만이 가질 수 있는 자유이기 때문이다. 고로 진리는 곧 자유의 품질을 만들어낸다고 볼 수 있다.

선을 사랑하는 자유와 악에 집착하는 자유

자유를 가지고 선을 사랑하면 천국을 소유한다. 이와 반대로 자유를 가지고 악을 사랑하면 지옥을 소유한다. 선을 사랑하는 자유와 악에 집착하는 자유의 차이는 천국과 지옥만큼이나 다르다. 선을 사랑한다는 것은 그만큼 순수함이 있기 때문에 순수 자유를 유지한다는 뜻이다.

선을 사랑하는 자유를 가진 자의 특징은 겸손하며 이웃에게 유익을 준다. 만일 선을 사랑하는 자유를 가진 자가 탐욕적이 된다면 그는 마음의 고통에 시달리게 된다. 악을 생각하는 것은 그 자체가 번민이고 고뇌이기 때문이다.

반대로 악에 집착하는 자유를 가진 자가 이웃을 사랑 한다면 그도 역시 큰 고통에 휩싸이게 된다.

자기 욕심에 빠진 자는 언제나 이기적이고 자기 만족을 추구하기 때문이다. 이와같이 둘은 근본적으로 다르다.

서로 나누기

☞ 배운 것을 삶에 적용할 수 있도록 서로 나눠봅시다.

● 인간 속에 자신(Own)

자유 안에는 생명이 있다, 사랑이 있기 때문이다. 인간이 사랑으로부터 행하는 것은 무엇이든 그에게 자유하게 나타난다.

인간이 자유 안에서 거짓과 악에 저항하고 선을 행하도록 스스로에게 독려할 때, 주님은 천국 사랑을 인간이 느끼지 못하게 은밀하게 부어 주신다.

이를 통하여 주님께서는 인간 속에 주님 거하실 처소를 창조하신다. 그분은 그곳에서 기쁨과 행복을 채우신다. 그것은 인간의 것은 아니지만 인간에게 나타나게 하신다.

●생각해 보기●

– 자유의 정의는 무엇인가?
– 자유와 애착의 연관성은 무엇인가?
– 평형 상태는 무엇인가?
– 천국 자유와 지옥 자유에 대해 말해보라.
– 동식물에도 자유가 있는가?
– 행함없는 믿음에 대해 말해보라.
– 자유에 대한 오해를 말해보라.
– 자유와 강요를 말해보라.
– 선을 사랑하는 자유와 악에 집착하는 자유는 ?

Part

2

자유의 유익

인간은 성숙할수록 겸손해진다.
인간의 자유는 모든 생각과 행동에서
선에 가깝도록 구부린다.

자유의 기능

 인간에게 자유가 주어지면 선한 자는 더욱 선하게 되고 악한 자는 더욱 악하게 된다. 자유는 확장하는 특징이 있기 때문이다. 자유는 모든 것을 뚜렷하게 만든다.

 또한 누구든지 그의 마음속 진실을 알고자 하면 자유를 주어 보면 알 수 있다. 그가 의지를 가지고 진리대로 살고자 하는지 혹은 포장된 삶을 영위하는지 그 여부를 알고자 하면 자유가 주어지면 진실이 드러난다.

 이처럼 자유가 주어지면 사람은 자신이 원하는 행동을 하고자 한다. 사람이 육체를 벗게 되면 영혼은 몸의 감옥에서 벗어나 자유를 얻는다. 그러면 인간은 완전 자유한 상태에서 더 이상 눈치보거나 숨길 이유가 없어진다.

그래서 선한 자는 더욱 선하게 되어 천국을 향하게 되고 악한 자는 더욱 악하게 되어 지옥으로 간다. 성경에 가진 자는 더 가지게 되고 없는 자는 그나마 있는 것마저 빼앗기게 된다고 하신 말씀이 이런 의미이다. 자유에는 이런 능력이 있다.

그러면 자유는 어떤 기능을 하는가?

첫째로 자유는 진리를 생산한다.

진리는 자유 상태에서만 성장한다. 자유는 진리가 자라는 토양이다. 고로 선한 자는 자유의 확장으로 진리가 성장하여 더 높은 지혜를 갖게 된다. 악한 자는 자유의 확장으로 더욱 악하게 된다.

둘째, 자유는 애착을 확장시킨다.

선의 애착을 가진 자는 자유로 인해 더 큰 애착이 주어진다. 자유한 만큼 애착이 있다.

셋째, 자유는 악에서 멀어지게 하고 선에 가깝도록 만든다.

성경에 "이르시되 하나님의 나라는 사람이 씨를 땅에 뿌림과 같으니 그가 밤낮 자고 깨고 하는 중에 씨가 나서 자라되 어떻게 그리 되는지를 알지 못하느니라. 땅이 스스로 열매를 맺되 처음에는 싹이요 다음에는 이삭이요 그 다음에는 이삭에 충실한 곡식이라(막4:26-28)."고 하였다.

 벼가 익어 이삭이 되면 고개를 숙이듯이 인간은 성숙할수록 더욱 겸손해진다. 인간이 성숙하게 되면 생각과 행동에서 악에서 멀어지고 선에 가까워지도록 구부린다. 구부림은 자유에 의한 고개 숙임이다.

 만약 우리가 간절한 마음으로 진리를 배우고자 하면 깨달음이 오고 지혜롭게 된다. 이는 그분의 경이로운 작업이다. 주님은 진리를 사랑하겠다는 자의 의지가 확장될수록 더 많은 진리를 받도록 인도하신다.

 땅은 태양의 열과 빛, 공기, 바람 등이 영향을 받는다. 마찬가지로 인간의 마음은 스스로 열매 맺는 것 같지만 사실상 그렇지 않고 주님으로부터 온 영향력에 의해 앨매 맺는다.

 그러므로 생명력은 땅이 아니라 씨 안에 있다. 살아있게 하는 생명력은 인간에게 있지 않고 주님으로부터 온 진리안에 존재한다.

 인간의 마음은 진리를 받는데 있어서 준비된 상태에 있을 뿐이다. 씨는 처음에는 싹이 돋고 그 다음에는 이삭이 패고 마침내 이삭에 알찬 낟알이 맺힌다. 초기 인간이 진리를 받을 당시에는 미약한 생각의 수준에서 진리를 받는다. 이때는 진리를 지식이나 상식 정도로 여긴다. 시간이 지나면서 그는 진리에 대한 믿음이 생기기 시작한다. 이 때가 낟알이 형성되는 시기이다. 낟알이 만들어졌지만 아직 먹기에는 이른 상태다. 낟알이 익어야만 먹을 수 있다.

이 말은 진리가 삶속에서 실현되어야 한다는 의미이다. 여러 가지 시험과 환란을 통해 진리가 빛을 발해야 한다. 그 다음 낟알이 점점 익어서 이삭 속에 가득 들어찬 상태가 되면 언제라도 양식으로 먹을 수 있다. 유용한 양식이 되기에 충분히 준비가 된 상태이다.

진정 낟알이 먹을 수 있을 정도가 된다는 의미는 삶에서 이웃 사랑이라는 열매를 맺는 단계이다. 즉, 선이 드러난다.

넷째, 자유는 진리로 확장된다.

인간은 각자의 영적 수준에 따라 진리를 다양한 형태로 드러낸다. 마치 보석의 종류에 따라 광채가 다르듯이 인간도 다양하게 진리의 빛을 드러낸다. 이는 인간의 상태가 개별적으로 다르기 때문이다. 진리를 받는 태도는 마음 상태에 따라 다르다.

중요한 사실은 진리를 수단으로 선의 열매가 마음속에서 맺어진다는 것이다.

그리고 인간이 거듭나면 더 많은 진리를 받게 된다. 가장 이상적인 마음 상태는 선을 사랑하는 마음이 최고로 고조된 상태이다. 선을 사랑하고자 하는 마음이 불꽃같이 타오르는 상태이다. 이때는 자유도 확장된다. 진리가 기억에 머물 겨를 없이 의지안에 곧바로 이동하여 생활속에서 즉각적으로 응용된다. 이 정도의 마음의 수준이라면 얼마나 좋을 것인가?

그러나 보통의 인간은 진리를 이해한 만큼 믿는다. 그리고 점차적으로 생활속에서 믿음의 진리로 채택된다. 그후 온갖 시험을 통과하면서 양심의 고통과 더불어 거짓과 싸우게 된다.

니콜러스 윈턴의 이야기이다. 그는 친구의 유대인 복지사업을 돕기 위해 프라하로 갔는데, 프라하 외곽의 난민 수용소를 둘러보면서 그 안의 어린아이들을 구해야겠다고 결심한다. 다가올 전쟁과 나치의 위험을 직감했기 때문이다. 그는 비용을 털어 아이들을 구출하기 시작했다. 그는 영국에 아이들을 맡아줄 가정을 모집했는데, 프라하에서 런던까지 총 8차례에 걸쳐 669명의 아이들을 후송했다. 하지만 어린이 250

명을 태운 아홉 번째 기차는 2차 대전이 발발해 끝내 출발하지 못했다.

원턴은 아이를 구출하지 못한 죄책감에 시달렸으며 이 일을 50여년 동안이나 비밀에 부쳤다. 1988년 부인이 다락방에 몰래 보관해 온 스크랩북을 발견한 뒤에야 그의 선행이 세상에 알려졌다. 이 스크랩북에는 아이들의 명단과 아이들의 새 영국 가족의 주소가 적혀 있었다. 이 주소로 편지를 한 끝에 원턴이 구출한 그 때의 어린이들 80여명이 영국 곳곳에서 나타났다.

원턴은 2002년 자신의 도움으로 탈출한 아이들과 그 후손 5,000여명과 만났고 2003년에는 공로를 인정받아 영국 왕실로부터 기사 작위를 받았다. 영국 BBC 방송은 그가 체코에서 엄청난 감사와 존경을 받는 사람이라고 전했다. 체코 정부는 거동이 불편한 그에게 프라하로 초청하기위해 전용기를 보내 주었다. 훈장 수여식에는 이미 80대의 노인이 된 당시의 아이들도 참석했다.

다섯째, 자유는 진리를 번성하게 한다.

성경에 번성한다는 말이 나오는데 이는 물량의 범위를 넘어서는 번성을 의미한다. 마음속에 심겨진 진리의 번성이다.

주님께서 마음속에 진리를 번성케 하신다는 의미이다. 그러면 어떤 자에게 진리의 번성이 주어지는가? 선한 마음을 가진 자이다. 선한 마음의 바탕위에 진리의 씨앗이 심겨져서 나무가 번성한다. 그 나무는 번성하여 숲을 이룬다.

진리의 씨가 선한 밭에 심겨져서 밭이 주는 선의 영양분을 받아 생명력있는 나무로 성장하는 것이다.

그러나 인간 마음에는 가시덤불도 있다. 가시덤불은 세상 염려와 쾌락, 걱정, 불안 등이다. 이런 마음밭에 진리의 씨가 심겨져도 제대로 자랄 수 없다. 진리는 선한 마음, 순진무구한 마음속에서만 자랄 수 있기 때문이다.

그리고 인간이 육체라는 겉옷을 벗게 될 때, 모든 제약들로부터 자유롭게 된다. 그야말로 씨는 자라서 어린 나무에서 큰 나무로 성장하게 된다. 후에는 동산을 덮는 나무 군락을 이룬다. 숲을 이루는 상태는 지혜로운 자가 된다는 것을 의미한다.

이런 나무의 증가는 작은 씨로부터 시작되었다.

주님께서는 이에 대해 겨자씨의 비유에서 "하늘나라는 겨자씨와 같으며 어떤 사람이 그것을 가져다가 자기 밭에 심었다(마13:31)."고 말씀하셨다. 그리고 그 나무는 번성하여 큰 나무를 이루게 된다. 진리는 이처럼 번성하는 특징이 있다.

헬렌켈러는 말했다. "사랑의 기쁨은 태양의 열과 같아서 비옥한 토양 위에서, 과일 나무와 옥수수가 번성하도록 작용한다. 고로 햇볕이 비취는 곳에는 생산이 있다. 말하자면 낙원, 여호와의 동산, 가나안의 토지가 이와같다. 진리의 매력은 봄철의 태양 빛과 같다. 또한 향기로운 냄새를 발산하는 꽃을 담은 용기안에 비취는 빛과 같다."

그녀는 진리의 능력과 매력을 알았다. 그리고 진리의 기쁨을 맛보았다. 진리가 인간을 성장하게 함을 알았다.

성경에 메시아의 손에서 번성하는 것이 여호와의 기쁨이라고 하였다(사 53:10).

주님은 인류에게 구속의 일을 완성하심으로 인간들이 자유의지를 가지고 진리의 번성을 이루고자 하신다.

자유는 옮겨짐이다

옮겨짐은 상태의 변화라고 할 수 있다. 이전에 왕노릇하던 것이 저 멀리 쫓겨나고 새로운 변화가 이루어진 상태라고 할 수 있다. 다시 말해서 옮겨짐은 생각과 애착의 상태 변화이다. 생각의 바뀜은 지식의 변화를 말하고 애착의 변화는 의지적 변화이다. 인간에게 거듭남이 진행되어 자유하게 되면 다음과 같은 상태 변화가 주어진다.

첫째, 정죄 상태에서 의롭다함을 입은 상태로 옮겨진다(롬 8:1). 진리는 죄짓는 모든 이를 정죄하지만, 거듭나게 되면 지옥에서 천국으로 들어 올린다.

둘째, 진노의 상태에서 풍성한 은혜의 상태로 옮겨진다(엡 2:1-10). 악한 자가 두려워하는 것은 그분의 순수한 사랑과 무한한 지혜에 반하여 자신은 그렇지 못한 데에 있다. 자신의 상태가 그분과 상반되어 있다는 것은 그야말로 소름끼치는 실제적 상황이다.

셋째, 사망에서 자유하게 되어 생명의 상태로 옮겨짐이다.

죄라고 하는 죽음에서 정의라는 생명으로 부활한 것이다. 죄에서 자유로워짐으로 죽음에서도 자유하게 된다.

"허물과 죄로 죽은 너희를 살리셨도다(엡2:1)."

넷째, 자유하게 됨으로 섬기는 상태로 옮겨진다.

주님은 "나는 섬기기 위해 너희 가운데 있다."고 하셨다.

지옥의 권세를 정복하신 분은 인성 안에 평화를 만드셨다. 주님에게만 진정한 안식이 존재한다. 고로 주님을 본받는 자는 영혼의 쉼을 얻는다.

다섯째, 자유의 상태로 옮겨진다.

죄의 노예된 자들은 하루하루 짓눌려서 피곤하게 살아간다. 그리고 불쌍한 처지에 떨어지게 되어 한숨을 쉬면서 스스로 한탄한다. "아! 과연 하나님은 살아계신가? 나를 왜 이 고통스런 현실에서 구해 주시지 않는가?" 그러다가 어느 날 진리를 깨닫게 되면서 새로운 삶을 맞이하게 된다.

그는 진리를 배움으로 어느 새 그의 사상이 바뀌게 되고 주님과 이웃을 사랑하게 된다. 거듭나면서 그에게 새 자아가 주어지게 되고 그의 영혼이 순수하게 된다. 이에 더하여 마음속에는 기쁨과 행복이 가득하게 된다. 점차적으로 그의 마음속에 진리는 더욱 성장하고 선한 열매를 맺는다. 이렇게 되어가는 과정은 주님께서 진리를 자라나게 하셨기 때문이다.

여섯째, 사망과 지옥에서 자유하게 되어 생명과 영광으로 옮겨진다. 그는 하늘나라를 기업을 받는다. 영광의 자유에 이르게 된다(롬8:21).

우리가 알아야할 사실은 쾌락을 위해 살았던 자, 세속적 축제 기분으로 자신과 세상에 관심을 쏟고 살았던 자, 신성한 가치를 무시하며 살던 자, 믿음과 행함이 결여된 자는 사후 그들이 세상에서 살았던 비슷한 상황에 입문한다는 것이다.

그들은 먼저 자신이 천국 생명에서 얼마나 먼 거리에 있는지를 알아야 한다. 이들은 이 세상에 맞게 저 세상으로 옮겨진다. 중요한 것은 각자의 상태에 맞게 옮겨진다는 것이다.

바로 이 부분이 감리교회의 창시자 요한 웨슬레가 점진적 구원을 말했던 이유이다.

자유가 왜 필요한가?

인간에게 자유가 있어야 하는 이유는 무엇인가? 어리석고 미련한 자들은 자신에게 주어진 자유를 남용하여 쾌락과 방종의 길로 달려가는데 하나님은 이를 알면서도 왜 자유를 허용하시는 것일까?

그 이유에 대해 알아보기로 하자.

첫째, 주님은 인간이 자유 의지를 가지고 변화를 이루기를 원하시기 때문이다.

하나님은 인간이 자유를 기반으로 자원해서 의지적 변화를 이루기를 원하신다. 인간이 천국에는 본성만 가지고는 들어갈 수 없기 때문이다. 천국은 선한 의지를 가지고 있는 시민에 의해 움직이는 나라이다.

천국의 대강령이 곧 주님 사랑과 이웃사랑이기 때문에 의지가 없으면 그런 사랑을 실천할 수 없다.

다시 말해서 천국은 의지를 가지고 고난과 시험을 통과해서 들어가는 나라이다. 성경에 천국 문을 두고 '열두 진주 문'으로 구성되어 있다고 말하는데, 진주는 고통으로 만들어진 보석이다. 진주는 작은 모래 알갱이가 조개 알갱이 속에 깊이 들어가서 형성된 보석이다.

인간에게 고통을 통과하고자 하는 의지 없이는 천국에 들어갈 수 없을 뿐더러 자신의 마음도 변화시킬 수 없다는 것을 말해준다. 이를 두고 십자가를 진다는 표현을 한다.

또한 의지 없이는 인간은 개선될 수 없다. 인간은 자유 의지로만 거듭날 수 있으며 진리의 길에 들어설 수 있다.

어떤 이는 하나님이 마음만 먹으면 얼마든지 인간을 거듭나게 하시기도 하고 지옥갈 자를 천국으로 보내실 수 있다고 말하는데 인간의 의지없이 강제로 인간이 바로잡혀질 수 있는가? 의지 없이 강제적으로 지옥과 같은 마음에서 천국 성품으로 바뀔 수 있는가? 의지없이 강제로 사랑을 강요할 수 있는가? 강요하는 순간 더 이상 사랑은 아닌 것이다.

예컨대, 의지없이 생선을 싫어하는 사람에게 생선을 좋아하라고 강요할 수 있는가? 불가능한 일이다. 또 누군가를 사랑하라고 강요할 수 있는가? 사랑하라고 강요하는 순간 이미 사랑은 아니다. 사랑은 의지로만 가능하기 때문이다.

만일 힘 있는 자가 만일 생선을 먹으라고 강요한다면 그 앞에서 생선을 먹을 수는 있지만 뒤돌아서면 본래의 상태로 돌아가 구역질을 하고 말 것이다. 누군가에게 사랑한다고 입으로 말은 할 수 있지만 실제 사랑의 실천은 할 수 없다. 사랑에는 거짓이 없다. 사랑의 겉치레를 꾸밀 수 있지만 사랑의 본질에는 의지가 담겨있다.

그러므로 의지가 악을 원하면 겉으로는 거룩을 포장할 수는 있지만 후에는 반드시 본래로 돌아가고 말 것이다. 그러면 초기에 그가 사람들 앞에서 말한 고백은 모두 쓸모없게 되고 결국 거짓이 드러나 주님을 부인하는 지경에 이르고 말 것이다.

의지가 없으면 설사 죽은 자가 살아난다고 할지라도 또는 기적이 일어난다고 하더라도 악을 버리지 않을 것이다.

주님께서 원하심은 인간이 자유의지를 가지고 변화되기를 원하심은 자유한 상태에서 진리를 행했을 때만이 그의 소유가 되기 때문이다. 그래서 사도 바울은 "사랑은 오래 참고 사랑은 온유하며 시기하지 아니하며 사랑은 자랑하지 아니하며 교만하지 아니하며 무례히 행하지 아니하며 자기의 유익을 구하지 아니하며 성내지 아니하며 악한 것을 생각하지 아니하며 불의를 기뻐하지 아니하며 진리와 함께 기뻐하고 모든 것을 참으며 모든 것을 믿으며 모든 것을 바라며 모든 것을 견디느니라"고 말했다. 여기서 말하는 사랑의 행위는 모두 의지적인 면을 말한 것이다.

둘째, 자유속에는 행동의 동기가 들어 있다.

만일 인간에게 동기가 없다면 하나의 로봇에 불과하게 되고 꼭두각시처럼 시키는 일에 복종하는 기계 상태가 되고 만다.

가끔 어떤 자는 동기가 불분명하게 행동하기도 하고 사람에게 잘 보이기 위해서 포장하기도 한다. 그의 동기를 알고 싶다면 그에게 자유를 주어보라. 그의 동기가 확연하게 드러날 것이다.

주님은 인간의 동기와 행위를 심판하신다. 고로 순수한 동기를 가지고 영적 생명을 얻지 못하면 그 나라로부터 쫓겨나고 버림받게 된다. 이는 그의 자유 의지에서 나온 것이 아니기 때문이다.

 만일 인간에게 악의 동기가 제거된다면 악은 자동적으로 멈춰질 것이다. 그러나 강제로 행동을 자제시키면 동기는 강하게 저항할 것이다. 이렇듯 동기는 모든 행동의 요인이다.

 주님은 동기의 순수함을 원하신다.

 하나님은 인간에게 악을 행치 말라고 명령하시고 만일 불순종하면 벌하신다고 말씀하신다. 만일 그 명령에 순종해서 악을 끊는다면 그 속에는 선한 동기가 들어 있는 것이다.

 주님은 동기를 순수하게 함으로써 인류가 유익한 길로 들어서기를 바라신다.

 셋째, 자유가 필요한 이유는 선택을 위해서이다.

 인간은 자유 의지를 가지고 선 혹은 악을 선택한다. 세상에 살고 있는 모든 사람들은 생각하고 느끼고 선택하는 기능을 한다. 선택의 기능은 마음속에서 이뤄지기 때문에 타인에게는 보이지 않는다. 아마도 자기의 생각과 느낌이 타인에게 모두 다 드러난다면 자유롭게 생각하거나 선택하는 것은 불가능할 것이다. 왜냐하면 인간은 자신의 악을 보여주기 싫어하기 때문이다.

인간이 마음속에 악을 숨기기 때문에 겉으로는 그 속을 알 수 없다.그러나 선택은 때가 되면 그 모습을 드러낸다.

인간은 세상에 살면서 다양한 경험을 한다. 고난과 슬픔, 기쁨과 즐거움을 경험한다. 이로 인해 행복과 불행이 수시로 교차 변화한다. 개울가에 모난 돌이 시내가 흐르면서 서서히 깎여 둥근 돌이 되듯이 인간도 마찬가지로 거친 비바람을 통해 고통을 맛보면서 인간은 이렇게 살아서는 안되겠구나 하는 인식과 더불어 진리를 선택하고 진리를 배우게 된다.

고난으로 인해 서서히 변화가 일어나는데, 곧바로 깨닫고 돌아서는 이가 있기도 하고 모든 것이 파멸가운데 놓일지라도 핑계와 변명을 반복하며 끝까지 고집하며 돌아서지 않는 이도 있다. 어쨌든지 간에 어떤 상황일지라도 자유는 지속된다.

자유가 있는 한 그는 끊임없이 선택을 해야만 한다. 자유를 기반으로 선 혹은 악을 선택한다.

과연 인간이 선을 선택하는 때는 언제인가? 다시 말해서 천국의 기쁨을 소유하게 되는 때는 언제인가? 그 때와 상태는 아무도 알 수 없다. 오직 하나님만이 아신다.

자유를 가지는 이유는 진리와 선에 대한 선택을 하도록 하기 위함이다. 그래서 인간 내면 깊은 곳에 선이 뿌리를 내리도록 배려하신다. 이렇게 되기 위해서는 자유가 존재해야 한다.

만일 자유가 없다면

첫째, '스스로' 라는 말은 없는 말이 된다.

천사들은 자원하는 의지로 주님을 높이고 주님의 뜻을 전달한다. 그들도 자유 의지를 가지고 행동한다. 천사는 자유 의지를 가지고 주님의 신성을 받아들인다.

인간도 그들처럼 자유를 가지고 주님의 신성을 받아들일 때 선하게 된다.

만일 하나님이 인류의 구원을 위해서 강제로 강요하신다면 어떻게 될까? 인간이 그분의 강요에 의해 두려움으로 진리를 따른다면 어떻게 될까?

하나님이 큰 소리로 강압적으로 그분을 따라오도록 하셨다면 아마 이보다 더 쉬운 구원의 방법은 없을 것이다. 그렇다면 거듭남이란 불가능하게 될 것이다.

이런 식으로는 진리를 내 것으로 소화해서 자신을 변화시켜 나가기는 어렵다.

인간이 그분의 거룩을 본받는 일도 불가능하게 된다. 인간에게 강제로 밀어붙여서 인간의 생각을 변화시킬 수는 없다.

주님께서는 강요로는 개혁이 불가능함을 아시기 때문에 시험이라는 전투 과정에서 인간의 자유 의지가 자원해서 발현되기를 원하신다. 그래서 시험을 극복하고 이기게 되면 시험 전보다 더 단단하게 자원하는 마음이 확장된다. 사실 시험은 주님이 주시는 힘으로 이기는 것이지만 실상은 자기 힘으로 이긴 것처럼 나타난다. 이것이 주님의 신비이다.

둘째, 인간에게 자유가 없다면 천국 생명을 받는데 차질이 온다. 왜냐하면 자유 의지로 인해 천국을 받아들일 때만이 생명이 주어지기 때문이다. 인간이 자유 의지를 가지고 악과 싸우고 죄를 회개할 때 천국이 주어진다.

악과 싸우는 것은 악에 저항하도록 스스로를 격려하며 다짐하는 것을 의미한다. 이렇게 스스로에게 다짐하고 결심하는 마음은 속사람에 내주하시는 주님으로부터 주어진 것이다.

주님은 이런 방법을 통해서 천국 생명이 주어지도록 하셨다.

하지만 진리를 무시하고 거절하는 자들은 스스로 진리를 위해 살겠다는 다짐을 절대로 할 수 없다.

이들은 탐욕과 변명에만 급급하며 순간적이고 찰라적인 만족에 급급할 뿐이다. 마치 돼지에게 진주를 주어도 귀한 줄을 모른다. 진주도 자기 삶처럼 냄새나고 지저분한 죽탕을 만들어 버린다. 이런 자는 주님으로부터 새 의지를 받을 수 없다.

이런 관점에서 본다면 자유 의지를 가지고 스스로 결단하지 않고서는 변화를 기대하기는 어렵다.

제 멋대로 사는 자들은 더 이상 겸손할 이유도 없으며 바르게 살고자 고민하지도 않는다. 이들은 진정한 자유의 본질을 알지 못한다. 그저 껍데기에 불과한 인생을 살 뿐이다.

주님께서는 "죄를 범하는 모든 자는 죄의 종이다(요8:34)." 고 말씀하셨다. 죄의 종들은 이미 양심이 죽은 자들이기 때문에 선한 소리를 듣지 못한다. 선한 소리를 듣지 못하는 자가 어떻게 스스로 선하기로 다짐할 수 있겠는가?

이는 인간은 자기가 설득되어진 것을 수단으로 생명을 획득하기 때문이다. 즉, 자신이 인정하고 받아들여기는 것을 수단으로 생명을 획득한다. 그가 인정하지 않고 믿지 않는 것으로는 그의 마음이 영향을 결코 받지 않는다.

서로 나누기

● 자유의 영역

　인간에게는 네가지 영역에서 자유가 주어져 있다. 자연적, 정치적, 육체적, 영적 영역이다. 자연적 자유는 자연만물에게 주어진 본능적 자유이고, 정치적 자유는 국가나 정부, 시민에게 주어진 자유이고, 육체적 자유는 경건과 방종을 말하고, 영적 자유는 선악의 영역이다.

　사도 바울에 이에 대해 "그리스도께서 우리로 자유케 하시려고 자유를 주셨으니 그러므로 굳게 서서 다시는 종의 멍에를 메지 말라"고 권면한다(고전7:23).

●생각해 보기●

– 어떻게 자유의 진리가 인간의 성장을 가져오는가?
– 인간에게 자유가 필요한 까닭은?
– 강요에 의한 사랑이 진정 사랑이 되지 못하는 이유는?
– 진리의 성장 단계에 대해 말해 보라.
– 만일 인간에게 자유가 없다면?
– 인간이 자유 의지로 인하여 악과 대항할 때 어떤 일이 벌어지는가?

자유의 수준

산위에 올라가면 산 아래 마을이 보이듯이
거짓과 탐욕에서 벗어난 상태에 있을 때
저 아래 지옥이 자기들 눈앞에
펼쳐져 있는 것이 보인다.

진리와 선을 사랑하는 자의 자유

 주님을 믿는 자에게는 두 종류의 유형이 있다. 하나는 진리를 사랑하는 자이다. 이들은 언제나 진리를 배우고자 노력한다. 그는 삶속에서 진리를 찾으며 누군가 진리를 말한다고 할 때 과연 그 말이 진리에 합당한 지를 살핀다. 그리고 세상의 학문과 사상을 들으면 그것이 진리에 맞는 지를 검토하고 확증이 있기 전까지는 받아들이지 않는다. 즉, 의심이 풀릴 때까지는 진리를 믿지 않는다. 의심으로부터 자유가 와야만 한다. 이는 진리가 아닌 요소들이 제거되지 않으면 선의 진입이 어렵다는 것을 알기 때문이다.

 다른 하나는 선을 사랑하는 자이다. 이들은 주님을 사랑하는 자이다. 이들은 선 자체는 진리가 있지 않고서는 나올 수 없음을 알기 때문에 진리로 판단하기 이전에 이것이 선이라고 여기면 곧바로 선을 실천한다.

성경에는 황금률이 있다.

"사람들이 자신에게 해주기를 바라는 것이 무엇이든 너희는 먼저 그들에게 그렇게 행하라(마7:12)."

황금률의 교훈은 타인에게 먼저 선을 실천하라는 뜻이다. 계명을 의무감으로 실천하는 것이 아니라 자유한 상태에서 의지를 가지고 선을 행하는 것이다. 이것이 가능하려면 선을 사랑하는 마음이 있어야 한다.

의무적으로 선행하는 자는 공로를 앞세우지만 선을 사랑하기 때문에 선행하는 자에게는 자유가 있다. 그들은 언제나 선을 목적하고 선 자체의 즐거움으로 행동한다. 이들은 자신의 공로를 드러내는 일에는 관심이 없다.

믿음으로 행하는 자는 진리를 아는 정도만큼 실천하지만 선한 의도를 가진 자는 선을 사랑하기 때문에 선행하므로 그에게는 더 큰 자유가 주어진다. 이것이 선을 사랑하는 자의 자유이다.

무지렁이의 자유

무지렁이는 진리의 수준이 낮은 어리석은 사람을 일컫는다. 이런 자에게 자유가 있는가? 이들은 도덕적 수준의 진리가 있어도 다만 머릿속에만 있고 진리를 사랑하거나 실천하고자 하지 않는다. 그나마 아주 낮은 차원의 진리를 알고 있음에도 불구하고 실천하지 않으면 진리로부터 책망을 받는다.

야고보는 "선을 알고도 행치 않으면 죄"라고 경고했다.

그러면 무지렁이 인간이 자유하기 위해서는 어떤 과정을 거쳐야 하는가?

첫째, 무지렁이 인간은 먼저 개혁되어야만 한다.

개혁되는 만큼 거듭나게 된다. 개혁에 의해 새 자아를 갖는다. 이 일은 오직 주님께서 주셔야만 가능하다. 인간은 단지 생명을 담는 그릇에 불과하기 때문이다.

주님은 생명 자체이시며 본질이시다. 그분도 세상에 오셔서 육신을 입으셨을 때 인간과 동일한 과정을 밟으셨다. 주님께서는 인간의 인성을 입으셔서 신성으로 영화롭게 하셨으며 거듭남의 방법을 기꺼이 선택하셨다.

둘째로 무지렁이 인간이 자유하기 위해서는 합리성이 필요하다. 합리성은 선이 포함된 이성적 분별력이다. 인간에게 탐욕이 들어오면 합리성은 멀어진다. 탐욕적인 자는 욕심에 눈이 가리워서 무질서하게 행동하고 이성적 분별력을 잃어버린다. 그래서 물질에 집착하고 세속적인 일에 빠져서 닥치는 대로 소유하고자 하며 마치 생떼를 부리는 아이처럼 행동한다.

우리나라 속담에 공짜라면 양잿물이라도 먹는다는 말이 있는데, 탐욕적인 자를 두고 하는 말이다. 무지렁이 인간은 자기 욕심에 도취되어 제 멋대로 행동하여 가족이나 가까운 이들에게 큰 피해를 입히며 살아간다. 고로 거듭나지 않은 자연적 상태의 무지렁이 인간이 자유를 얻고자 한다면 반드시 합리성 안으로 들어가야 한다. 합리성 안에는 선이 들어 있으며 합리성을 통해서만 천국의 자유를 부여받을 수 있다.

탐욕에 노예된 자

탐욕에 얽매인 자를 노예라고 말한다. 탐욕에 노예된 자는 탐욕에 도취되어 노예가 되었음에도 불구하고 자유가 있는 듯이 살아가는 자들의 상태를 말한다. 주님은 탐욕에 노예된 자들에게 이렇게 말씀하셨다.

"율법학자들과 바리새인들아, 너희 같은 위선자들은 화를 입을 것이다. 너희는 잔과 접시의 겉은 깨끗이 닦아 놓지만 그 속에는 착취와 탐욕이 가득 차 있다(마23:25)."

잔과 접시의 안과 밖이란 속사람과 겉사람을 말한다. 속사람에는 원리가 있고 겉사람에는 법이 있다. 속사람에는 동기가 있고 겉사람에는 행동이 있다. 겉사람 만을 깨끗이 하는 사람은 법과 행동은 중시하지만 원리를 무시한다.

한마디로 속사람과 겉사람이 일치하지 않는 자는 동기가 순수하지 못하게 된다. 이런 사람은 밖은 깨끗하게 하지만 안은 부패되어있는 사람이다. 또한 자신의 내면을 보기보다는 바깥쪽 일에만 관심을 갖는다. 그래서 외적인 성공, 돈과 일에 모든 시간과 정력을 낭비한다. 한마디로 알맹이는 없고 껍데기에 충실한 자들이다.

이들은 겉으로 보기에는 착해 보이고 순해 보이기도 하지만 그것은 자신의 내면이 보잘 것없기 때문에 드러내는 모습에 불과하고 실제적으로는 악령이 그 속에 도사리고 있다.

주님은 노예된 자들의 특징은 겉과 속이 다른 존재임을 아주 잘 설명하셨다. 안은 더러운 데 겉만 깨끗이 하다가는 결국 노예로 전락하고 만다는 의미이다.

고로 악마는 인간의 내면에 탐욕을 주입하고 탐욕의 냄새가 나는 곳으로 끌고 다닌다. 악마에게 현혹되어 노예된 된 자들은 자기가 마음먹은 대로 자유롭게 사는 것 같지만 실상은 마귀에게 끌려 다닌다. 악마는 쾌락의 미끼를 사용하여 걸려든 자를 노예로 착취한다. 그러므로 악마에게 속아서 살아가는 자들이 곧 노예이다.

고로 누구든지 죄를 지으면 악마의 유혹과 결탁되어 있다.

이미 영혼이 어두워진 상태로 악마에게 끌려 다닌 것이다.

다시 말해서 노예적 자유는 거짓과 탐욕이 통치하여 이성적 분별력을 잃어버리고 양심이 파괴된 자유이다. 자유라고 말하기도 부끄러운 집착 수준이라고 할 수 있다.

이런 마음은 짐승과 별로 다를 게 없다. 정욕대로 행동하고 분별력은 이미 어두워졌고 악독이 가득하고 무질서하다. 모든 것이 무너져 내린 모습이다. 한마디로 더러운 개가 온 동네 쓰레기통을 헤집는 꼴이다. 그럼에도 이런 자들은 포장술이 매우 뛰어나기 때문에 겉으로는 광명의 천사처럼 보이지만 속은 온갖 더러운 정욕과 욕심이 달라붙어 있다.

이들은 자기 수준으로 모든 것을 판단하며 무언가 도취되어 있는 듯이 보인다. 끊임없이 핸드폰을 보면서 하루를 소일거리를 삼는 자, 항상 술에 만취되어 있는 자, 도박 중독자, 성 중독자, 완벽주의자 등 모두 무언가에 깊이 도취되어 있다.

어떤 이는 술을 찾아다니며 술독에 빠져서 살아간다. 삶속에서 현실성, 객관성을 잃어버렸다.

그럼에도 이들은 거짓된 사상과 탐욕에 중독된 상태에 있으면서도 오히려 자신은 자유하다고 착각한다. 이들은 탐욕이 주는 즐거움과 쾌락에 도취되어 있다. 즐거움과 쾌락에 도취되어 악마에게 목매여 끌려가는 신세에 불과하다. 악령의 패거리에 의해 잡혀가며 급류에 휩쓸려 가는 가엾은 상태에 불과하다. 자신이 급류에 휩쓸려가면서도 그는 생각하기를 자신은 자유롭다고 여긴다. 그렇게 상상하고 있을 뿐이다.

그러면서도 누군가 그를 제재한다면 자유를 잃어버리는 것이라고 여기고 급속도로 스트레스를 받는다.

인간은 자신이 좋아하는 것, 사랑한다고 여기면 자유롭다고 여기는 특성이 있다. 산위에 올라가면 산 아래 마을이 보이듯이 높은 눈으로 내려다 보면 거짓과 탐욕이 자기들 눈앞에 펼쳐져 있는 것이 보인다. 그러나 지옥에 갇힌 자는 천국이 보이지 않는다.

결론적으로 노예된 인간은 거듭날 때까지 자유란 없다. 그가 진리를 사랑하기 전까지는 자유는 없으며 아무 것도 달라질 것은 없다. 그러나 만일 그가 거듭나게 되면 이성적 분별력이 생기게 되고 참 자유가 무엇인지 깨닫게 된다.

서로 나누기

☞ 배운 것을 삶에 적용할 수 있도록 서로 나눠봅시다.

● 죄를 용서받은 자도 고초를 겪는다

고난의 원인이 무엇인가? 고난을 겪게 하시는 하나님의 목적은 무엇인가? 하나님의 백성이 고난을 겪는 것은 교정의 섭리가 있다. 즉, 인간의 선을 위하여, 인간을 거룩하게 하시기 위해 고난을 허용하신다. 이는 하나님의 사랑이다. 주님은 주님을 따르는 자들에게 죄의 지배로부터 자유케 하셨다. "죄가 주관치 못하리니(롬6:14)." 라고 말했다. 이제는 더이상 죄가 왕노릇할 수 없게 되었다.

죄의 지배로부터 자유하게 되었다. 더이상 죄와 포옹하는 일은 없다. 주님은 죄에 타락하지 않도록 이끄신다.

●생각해 보기●

– 선을 사랑하는 자의 자유는 무엇을 말하는가?
– **진리를 사랑하는 자와 선을 사랑하는 자의 차이는 무엇인가?**
– 무지렁이의 자유는 무엇을 말하는가?
– 탐욕에 노예된 자들이란 어떤 자인가?
– 노예적 자유는 어떤 자유인가?
– 노예된 인간이 자유를 얻으려면 어떻게 해야 하는가?

Part

4

성경속 자유와 노예

이성적 분별력이 없는 자유는 진정한 자유라고
볼 수 없다. 이 경우 마음은 기만적 사상과
통제 불능의 의지가 작동될 수 밖에 없다.

둘째 아들 이야기

성경 누가복음 15장에 등장하는 둘째 아들 이야기는 자유와 노예가 무엇인지를 극명하게 가르쳐준다. 주님이 말씀하신 둘째 아들 비유는 이런 내용이다. 어느 날 둘째 아들은 아버지로부터 자기 몫을 받아서 분가하게 된다. 그는 먼 나라에 가서 살고자 하였지만 허랑방탕하여 그 돈을 모두 탕진하게 된다. 그는 그 돈을 모두 탕진하고 굶주리게 되어 돼지 농장에서 돼지를 키우는 신세로 전락한다. 그는 생각하기를 아버지 집에는 먹을 것이 풍족한데 자신은 여기서 굶주리고 있다고 뉘우친다. 그리고 그는 아버지께 돌아오게 된다. 집에 돌아온 아버지는 그를 위해 잔치를 벌이고 송아지를 잡고 가락지를 끼우고 새 옷과 새 신발을 신겼다.

이 이야기에는 주님의 질서 법칙에서 벗어난 사람, 자기 고집대로 살아가는 사람은 결국 황폐하게 됨을 경고하는 메시지가 담겨있다. 둘째 아들이 아버지를 떠나 먼나라로 가는 것을 자유라고 여기고 자신이 인생의 주인이라고 생각하지만 결국 노예 신세로 전락한다는 말이다. 이 말은 진리를 알지만 진리를 버리는 자는 결국 돼지치는 신세, 즉 죄의 노예가 되고 만다는 가르침이다.

그는 노예 신세를 거치면서 자신의 잘못을 확인하게 된다. 그리고 아버지앞에 찾아오게 되는데 그때서야 자유의 품에 안긴다. 여기서 우리가 알아야할 사실은 진정한 자유는 주님의 계명을 준수할 때 주어진다는 사실이다.

먼 고장

성경에는 둘째 아들은 자기 재산을 다 거두어 가지고 먼 고장으로 떠났다고 하였다. 이 말은 아버지의 유산, 즉 진리의 지식을 자기 것이라고 소유권을 주장했다는 말이다. 자기 것이라고 주장하는 순간 순수는 사라지고 탐욕이 왕노릇하며 그간 주님을 의지했던 믿음이 순식간에 사라진다.

둘째 아들은 아버지 집에 머무르는 것이 속박이라고 여겼다. 쾌락을 좇아가는 철없는 불나비 인간처럼 둘째 아들은 이기적인 욕심으로 마음을 가득 채웠다.

지금까지 아버지가 자신을 얼마나 보살펴 주셨는가에 대한 감사의 마음은 조금도 없다. 그는 자신이 그간 얼마나 행복했었는지를 깨닫지 못했다. 그는 고집스런 자아로 똘똘 뭉쳐져 자신이 구심점이 되어 세상만을 바라볼 뿐이었다. 그는 먼 고장으로 떠나갔다. 먼 고장은 아버지 집에서 멀리 떨어진 상태를 말한다. 그런 상태는 감각적이고 세속적 상태이다. 영혼의 본향과는 거리가 멀다. 결국 그는 주어진 자유를 가지고 방탕한 생활에 젖었다.

방탕한 생활

둘째 아들은 자유를 만끽하고자 아버지를 떠나 먼 고장에 도착하였다. 그는 이미 감각적 쾌락에 기울었고 그 쾌락을 얻고자 재산을 마구 뿌리며 방탕한 생활을 하였다. 하늘 아버지와 영적 고향은 이미 그의 관심권에서 아주 멀어졌다.

쾌락을 추구하는 사람은 어리석음을 경고하는 양심의 소리를 억압하느라 무진 애를 쓴다. 둘째 아들이 양심의 소리를 듣지 않는 방법은 재산을 마구 뿌리는 것이다. 재산은 정신적 재산이며 진리의 지식이다. 둘째 아들은 진리 지식이 모두 사라질 때까지 감각적 욕망과 쾌락 속에 몰입한다.

흉년

결국 둘째 아들은 돈이 떨어졌고 그 고장에 흉년까지 겹치게 되자 알거지가 되고 말았다. 진리의 근원되시는 아버지로부터 멀리 떠날 때 그는 생명력을 잃게 되어 더 이상 영혼을 떠받칠 수 없게 되었다. 다시 말해서 진리를 소멸한 결과 기대했던 쾌락마저도 떨어지게 되었다. 이제 그는 쾌락의 즐거움마저도 사라지게 되었다.

그러자 그 마을에 흉년이 찾아왔다. 흉년은 진리의 고갈 상태를 의미한다. 비질서적이고 쾌락적인 삶에는 언제나 영적 흉년이 찾아온다.

우리는 "사람이 떡으로만 사는 것이 아니라 하나님의 입에서 나오는 모든 말씀으로 살리라."는 말씀을 되새겨야 한다.

오늘날 진리를 떠난 종교인과 지성인보다 더 불쌍한 인간은 없으리라. 그들은 나름대로의 학문적 권위로 자부심은 강하지만 생명의 원리에 대해서는 무지한 영적 흉년이 왔다.

돼지 치는데 종사함

진리를 모두 탕진하고 빈 껍질만 남은 둘째 아들은 이제 갈 곳이 없다. 하지만 그럼에도 불구하고 그는 계속 고집을 부린다. 그는 자기 아버지께 돌아가지 않았다. 오히려 그는 자신의 타락된 상태를 지지해줄 돼지 농장 주인을 만난다.

진리가 떨어진 자는 노예 주인을 용케 알아본다. 둘은 급속도로 가까워진다.

둘째 아들은 이전의 축복된 질서를 파괴하고 거짓 논리에 빠져 흉악한 상태가 되었다. 아버지를 떠난 자의 자유는 진리를 탕진하고 방종으로 흘러가버렸다. 그는 돼지 농장 주인에게 붙어서 살게 되었다. 이른바 '더부살이' 가 시작되었다.

농장 주인은 그를 농장으로 보내 돼지를 치게 했다. 팔레스타인 지역에서 돼지를 친다는 것은 가장 천한 직업으로 전락된 상태를 말한다. 돼지는 욕심과 불결의 상징이다.

돼지를 친다는 것은 돼지를 상징하는 비굴한 열정을 키운다는 말이다. 진정 자유를 얻고자 하지만 욕심에 이끌리어 쾌락에 몸을 던진 자들의 상태는 돼지와 뒹굴게 되는 노예신세가 된다. 그들은 종교에 들어와서 큰 보상을 얻고자 하지만 종교는 보상을 주는 곳이 아니다.

교회는 벼슬자리를 주는 곳이 아니다. 이런 자들의 종착 역은 돼지 농장이다. 그는 돼지 농장 주인과 결탁하게 되었고 돼지 치는 신세로 전락하였지만 배가 고팠다.

배고픔은 영적 굶주림이다. 진리가 없음으로 오는 허기짐이다. 돼지 농장 주인은 거짓 원리를 말한다. 즉, 비뚤어진 삶의 목적을 뜻한다. 주님을 떠난 인간들은 결국 거짓 원리에게 붙잡여 살게 된다. 조만간 돼지 농장 주인을 만나 노예 신세로 전락한다.

쥐엄나무 열매

농장에서 돼지를 치던 둘째 아들은 너무나 배고파서 돼지가 먹는 찌꺼기라도 먹어 보고자 했다. 그가 먹으려 했던 찌꺼기는 쥐엄 나무의 열매였다. 이 열매는 돼지를 치는 사료로 사용되었는데, 주로 가난한 자의 식량으로 대체되기도 하였다.

쥐엄나무 열매는 찌꺼기에 불과한 열매이다. 영혼을 지탱시킬만한 영양분이 하나도 없다. 하지만 그나마 그것을 주는 이는 아무도 없었다. 인간답게 해줄 양식이 없다는 말이다.

자유를 찾아서 바닥까지 내려온 둘째 아들은 노예로 붙들리어 배고픈 신세가 되었다. 진리를 탕진한 인생에게 찾아온 것은 배고픈 노예 신세이다.

죄의 노예

주님은 말씀하셨다. "죄를 범하는 자는 죄의 종이다(요 8:34)." 어떤 자들은 자기 마음대로 사는 것을 자유라고 한다. 인생은 선악에 대해 갈등하거나 고민할 필요가 없다고 말한다. 이것이 자연스러운 삶이라고 말한다. 자신들이 원하는 대로 제멋대로 사는 것이 자유라고 말하지만 진리가 없는 자의 결국은 악에 붙들리고 만다. 진리없이 제멋대로 산다는 것은 이미 악의 노예 상태에 빠진 것에 불과하다.

이런 자들의 삶을 보면 이성이 파괴되어 있다. 고로 이들은 더 높은 세계로 나아갈 수 없다. 오히려 죄에 지독하게 빠져서 구원의 희망이 사라졌다. 우리는 이런 노예를 부추기는 악령의 세력이 있음을 알아야 한다. 악령은 노예들에게 탐욕을 주입하고는 탐욕의 즐거움에 서서히 빠져들게 한다. 마치 늪속에 깊이 빠져들어가는 생쥐같은 꼴이다. 쾌락을 탐하다가 더럽고 불순하고 악취가 진동하는 오물의 늪에 점점 깊이 빠진다. 그러면서도 그들은 환락의 노래를 부른다. 죄에 꽁꽁 묶여 있음에도 자유하다고 말한다. 그러나 실상은 자유한 게 아니라 더러운 오물을 뒤집어 쓴 것에 불과하다. 자유하다고 착각할 뿐이다. 이런 자유는 지옥적 자유이다.

노예는 영적으로 죽은 자이다

영적으로 죽었다는 의미는 무엇인가? 영적으로 죽었다는 의미는 하늘나라와는 관계없다는 의미이다.

첫째, 죽은 자는 세상에만 몰두하는 자들이다. 세상에 몰두하는 이유는 진리가 없기 때문이다. 이들은 세상을 숭배한다. 고로 이들의 삶은 사망이 왕 노릇한다. 영적인 사람과는 질적으로 다르다. 영적인 사람들은 언제나 진리를 사랑하며 선을 사모한다. 그러나 죽은 자들은 겉에는 아름답게 꾸미고 입으로는 경건의 모양을 흉내 내지만 본질적으로 육체적 감각과 쾌락을 목표한다.

이들은 눈속임을 잘하기 때문에 겉으로 보아서는 알 수가 없다. 하지만 시간이 지나면 그들의 한 짓이 드러난다. 죄의 결과가 드러난다고 할지라도 부끄러워하는 마음을 갖기보다는 오히려 더욱 소리를 높여 변명과 억지 주장을 한다.

죽은 자의 모습이다. 죽은 자는 마치 쓰레기 더미에서 사는 자와 같아서 죄악의 냄새를 즐겨하고 더러운 삶을 추구한다.

둘째, 죽은 자는 영원한 삶에 대한 관심이 없다.

오직 육체적이고 세상적인 데서 만족을 추구한다. 그러기에 늘 불만이 가득할 수밖에 없다. 마치 수많은 전갈 새끼가 먹잇감에게 달라붙은 것처럼 불평, 불만의 귀신이 영혼을 좀먹고 있다.

이들은 주님이 어떤 분이신지 절대로 알지 못한다. 입으로는 '주여' 라고 하지만 그것은 자신이 답답할 때 터지는 한숨소리에 불과하다. 이들은 주님을 믿는 자들이 아니다.

하지만 영적인 사람은 영원한 삶을 사모한다. 이들의 소망은 하늘에 있다. 그러기에 이들에게 하늘나라의 주인은 가장 소중한 분이시다. 영적인 사람은 하늘나라를 목표로 살아간다.

셋째, 죽은 자는 시험에 항상 넘어지고 굴복한다.

왜냐하면 시험을 극복하고자 하는 의지가 없기 때문이다.

시험을 이기려면 그만큼 죄와 싸워야 하고 고통을 겪어야 하는데, 이들은 시험을 이기고자 하는 의지가 없다. 고로 이들은 언제나 타인의 눈치를 보며 세상의 명예를 얻는 일에 충실한다.

그러나 이들도 두려워하는 것이 있다. 그것은 사회 법이다.

다만 법을 어기면 구속되거나 재산 손실과 같은 불이익을 당하기 때문에 두려워할 뿐이다.

영적인 사람은 시험의 전투를 이기려고 분투한다. 영적인 사람이 두려워하고 굴복하는 것은 양심의 법이다. 양심은 마음에서 올라오는 내적인 음성이다. 고로 양심을 따르는 자는 언제나 선과 진리를 따르는 것과 같다. 이는 자유한 자만 가능한 일이다.

둘째 아들의 이야기는 노예로 미끌어져 가는 인간의 상태를 잘 보여준다. 그리고 노예 신세로 전락했더라도 자유하게 되는 길을 보여준다. 이것이 인간에게 주어진 희망이다.

손과 발을 묶는다

성경에 한 임금이 잔치를 마련하고 손님들을 초대하게 된다. 임금은 예복을 입지 않고 참석한 사람에게 말하기를 "손발을 묶어 바깥 어두운 데에 내던지라 거기서 슬피 울며 이를 갈게 되리라(마22:13)."고 명령한다. 손발을 묶는다는 것은 아무 행동을 하지 못하도록 얽어 매는 것이다. 인간의 손발은 애정과 생각을 상징한다. 고로 손발을 묶는다는 것은 인간의 애정과 생각을 묶여서 타의에 의해 끌려가는 상태를 의미한다.

그간 손과 발이 죄를 짓는 도구가 되어 몹쓰게 되었기 때문이다. 즉, 손과 발이 노예가 되는데 한 몫을 했기 때문이다.

고로 손과 발을 묶는다는 것은 마음의 능력과 자질을 묶는다는 의미이다.

손은 일하는데 쓰이고 발은 걸음으로 능력을 발휘한다.

손과 발이 묶이면 더 이상 아무 행위를 못하게 된다. 자신의 행악으로 인해 스스로를 묶은 것이다. 이 땅에 주님께서 오신 이유는 묶여있는 포로에게 자유를 주시기 위함이다. 주님은 감옥의 빗장을 열어서 자유를 얻는 길을 열어놓으셨다.

바깥 어두운 데 내 던지라

어두움은 영적으로 아무 것도 볼 수 없는 거짓된 상태를 의미한다. 어두운 데 내 던지는 것은 거짓에 내던진 것이다.

거짓에는 두 종류가 있다. 무지에 의한 거짓과 의도적인 거짓이다. 무지에 의한 거짓은 진리를 몰라서 오는 상태이고, 의도적인 거짓은 진리를 알고 있음에도 불구하고 진리를 행치 않으려는 마음에서 오는 거짓이다. 거짓된 마음이 있을 곳은 바깥 어두움 뿐이다. 주님은 이에 대해 이렇게 경고 하신다.

"만일 네 안에 있는 빛이 어둡다면, 그 어두움이야말로 얼마나 큰 어둠이겠느냐."

이사야서에는 "온 땅이 아직 어둠에 덮여 민족들은 암흑에 싸여 있다(사60:2)."

빛은 진리를 의미하고 어둠은 거짓이다. 고로 바깥 어두운 데는 진리의 빛이 없는 상태이다. 이는 거짓의 수준에 대한 표현이다.

따라서 이곳으로 던져진 자는 마음에 있는 진리를 완전히 소멸시킨 자들을 말한다. 즉, 자신을 거짓으로 확증한 자이다.

주님께서 누구에게나 빛을 주신다. 그럼에도 불구하고 빛을 거절하는 자는 병든 마음밖에 남는 것이 없다.

슬피 울며 이를 간다

슬피 운다는 것은 불행한 상태를 의미한다. 악으로 인해 불행을 자초한 상태를 말한다. 성경에 악한 자는 주님의 현존으로 인해 괴로워하고 통곡하는 것으로 묘사되었다.

슬피 운다는 것은 주님과 인간이 불일치가 되었음을 의미한다. 인간이 주님의 빛과 사랑에 대해 번민을 느낀 것이다.

이를 갊은 논쟁을 말한다. 이를 갊은 지성이 불안한 상태이다. 진리와의 충돌로 인해 지성이 뒤흔들렸기 때문이다.

불에도 넘어지며 물에도 넘어진다

"주여 내 아들을 불쌍히 여기소서. 그가 간질로 심히 고생하여 자주 불에도 넘어지며 물에도 넘어지는지라(마17:15)."

이 구절은 타락한 인간이 악에게 속박 당함을 표현한 말씀이다. 여기서 불은 악을 의미하고 물은 거짓을 상징한다.

즉, 인간이 타락하여 악하게 되고 무질서하게 된 상태이다.

간질병은 영적으로 악령에 지배당한 증상이다. 다시 말해서 이성이 무너져서 비자발적 의지 상태로 돌변한 것이다.

이성적 분별력이 없는 의지는 브레이크 없이 달리는 자동차와 같아서 진정한 자유라고 볼 수 없다. 이 경우 마음은 자기 기만과 통제 불능의 의지가 작동될 수 밖에 없다. 아이의 아버지는 이렇게 말한다.

"아이는 가끔 불속에 뛰어들기도 하고 물속에 빠지기도 합니다." 악령의 노예가 된 이들은 자신이 저지른 행동에 책임을 지지 못한다. 하지만 우리가 알아야할 사실은 이들은 스스로 악령에게 마음 문을 열고 자리를 내주었기 때문에 악령이 권세를 부린다는 사실이다.

악령은 인간의 허용 한도 안에서만 권세를 가진다. 인간이 마음을 내준 만큼 인간을 노예삼는다. 인간이 마음을 주지 않았는데 악령 홀로 인간을 악의 불 속과 거짓의 물속으로 빠트릴 수 없다는 사실을 기억하라.

한마디로 악과 더러운 생각에 마음을 열어주었기 때문에 악령은 틈새를 비집고 들어와서 인간을 노예로 만들었다.

결국 인간이 탐욕으로 인해 노예가 되겠다고 악령에게 자신을 제물로 갖다 바친 꼴이 되었다. 인간이 악령의 노예로부터 벗어나기 위해서는 많은 고통의 대가를 지불해야만 한다. 아이의 아버지가 예수께 호소하게 된 연유가 그러했다.

아이의 아버지는 말하기를 "주님의 제자들에게 데려가 보았지만 그들은 고치지 못했습니다." 라고 한탄했다. 그래서 주님께서 한탄하셨다.

"아, 이 세대가 왜 이다지도 믿지 않고 모든 게 뒤집혀 있을까? 내가 언제까지나 너희와 함께하면서 이 성화를 받아야 한단 말이냐?"고 한탄하시고 책망하셨다.

믿음이 없다는 말은 진리와 관계된 말이고 뒤집혀 있다는 선과 관계된다. 즉, 진리의 남용과 선의 악용이다.

주님께서 "내가 언제까지나 너희와 있어야 한단 말이냐? 언제까지나 내가 너희의 성화를 받아야 하느냐?"고 하신 말씀은 진리를 통해서 인간과 함께 하신다는 의미이다.

그리고 주님은 "아이를 나에게 데려 오라."고 말씀하신다.

그리고 마귀에게 호령하시자 "마귀는 나가고 아이는 곧 나았다." 주님의 호령은 진리의 권능이다. 진리의 권능과 아버지의 믿음이 함께 했을 때 악마가 떠남과 동시에 마음이 정상으로 회복되었다.

오늘날 진리의 권능을 마이크 볼륨 올리듯이 목소리 높이는 것으로 착각하는 무리가 있다. 귀신들린 자에게 진리없이 호령한다고 될 일인가? 심지어 두들겨 패서 귀신을 쫓아낸다고 한다. 이미 귀신들린 자가 귀신을 쫓아낸다고 별의 별 욕을 해대는 꼴이라니... 이런 어처구니 없는 일을 보았는가?

착하고 충성된 종

"주인이 이르되 잘 하였다. 착하고 충성된 종아 네가 적은 일에 충성하였으매 내가 많은 것을 네게 맡기리니 네 주인의 즐거움에 참여할지어다(마25:23)."

이 구절은 먼 여행을 갔다 온 주인이 큰 잔치를 벌이고 주인의 재산을 잘 관리한 종을 칭찬하는 모습이다. 이때 칭찬 받은 종은 자유를 얻게 되고 지위를 부여받아 타인을 통솔하는 위치까지 올라가기도 한다.

주인은 종에게 착하고 충성된 종이라고 칭찬하고 있다. 여기서 "잘 하였다" 는 말은 그와 교류하시겠다는 주님의 승인이다. 종에게 "잘했다" 는 의미는 작은 일에 충성을 다한 자에게 주시는 주님의 칭찬이다.

작은 일에 충성함은 주님을 사랑하는 마음의 발달을 이룬다. 즉, 자연적 상태의 마음이 거듭남을 이룬다. 거듭남의 상태를 이루기 때문에 칭찬을 받게 되는 것이다.

주인은 "네 주인과 함께 즐거움을 나누어라."고 했다.

영적으로 볼 때, 주인과 함께 기쁨을 나눈다는 것은 주님과 하나되는 것을 말한다. 주님과 하나됨은 주님을 사랑하고 순종함이다.

선을 사랑하고 진리를 행함으로 기쁨을 가지는 것을 의미한다. 이렇게 될 경우, 좋은 영적 애정이 주는 말할 수 없는 기쁨으로 가득 차게 된다. 그는 이제 의무적인 삶이 아니라 사랑으로 행동하는 삶을 누리게 된다. 영적 자유의 상태에 머무는 것이다. 그는 이로써 천국 기쁨을 누리게 된다.

내가 경험한 주님의 사랑은 이렇다. 내가 주님을 사랑하는 열심에 불타서, 이 길이 주님의 뜻이라고 여기고 어리석은 길로 갈찌라도 주님은 결코 외면하시지 않는다는 것이다.

주님을 사랑하는 자에게는 모든 것이 합력하여 선을 이루시기 때문이다.

열병이 떠나가다

"예수께서 베드로의 집에 들어 가사 그의 장모가 열병으로 앓아누운 것을 보시고 그의 손을 만지시니 열병이 떠나가고 여인이 일어나서 예수께 수종들더라(마8:15)."

주님의 제자 베드로의 장모가 열병으로 누워 있다. 열병은 열이 올라간 상태이다. 이를 영적으로 말하면 세상적 욕망이 극에 오른 상태이며 그로인한 무질서이다. 인간이 무언가에 몰두하게 되면 열에 받친다. 주님을 사랑해야할 사람이 세상이 주는 바람을 쐬면 세속적 열병에 걸린다.

롯의 아내처럼 세상을 사랑하는 열이 끓게 된다. 이는 악령이 마음속 어두움을 휘저어 야기되는 시험이다.

여기서 "앓아 누워있다"고 표현했는데, 마음속의 관점에서 보면 의지와 이해적 차원의 시험이다.

그녀는 영적 질병이 도져서 점점 죽어가는 상태이다. 오늘 이런 상태에 놓인 자들이 많다. 교회 직분을 가지고 교회 생활을 하지만 세상 욕심이 가득차서 탐욕에 깊이 빠져 있는 불쌍한 영혼들이다.

주님께서 베드로의 장모의 집에 가셨다. 주님께서 집에 오신다는 것은 주님께서 인간과 함께하심을 의미한다.

주님께서 "그녀의 손을 잡으시자 열이 내렸다."

손은 힘을 상징한다. 주님께서 손을 대심은 그분의 권능이 세속의 열병에 걸린 노예를 고치시는 장면이다. 무질서를 회복하시는 광경이다. 예수께서 그녀의 손을 잡으시자 열병이 그녀를 떠나가게 되었고 그녀는 주님께 수종들게 된다.

열병 치료는 주님의 권능을 받을 때 영혼의 질서가 확실히 회복된다는 것을 가르쳐주시는 사건이다. 그녀는 자리에서 일어나 주님께 시중들었다. 세상 욕망이 제거될 때 억눌리고 괴로워하던 노예 상태에서 주님 사랑하는 마음이 올라와서 더욱 주님을 섬기게 되었다.

귀신 들린 자

"저물매 사람들이 귀신 들린 자를 많이 데리고 예수께 오거늘 예수께서 말씀으로 귀신들을 쫓아내시고 병든 자들을 다 고치셨다(마8:16)."

귀신들린 상태는 어둠의 권세가 극에 달한 상태를 의미한다. 어두움은 정신뿐만 아니라 육체까지도 지배한다. 어두움이 정신을 지배하여 갖가지 정신병에 시달리게 된다.

귀신들림은 귀신이 마음속에 들어와 불순한 애정을 틀어쥐고서 인간 영혼과 육체를 소유한 것이다. 우울증, 정신 분열, 성격 장애, 편집증, 신경증 등 각종 중독 증상들은 악령이 인간의 정신 세계를 지배한 증상이라고 할 수 있다.

이런 질병은 악령의 지배를 받아 정신적인 문제가 발생한 경우이다. 주님께서 지옥을 정복하시지 않으셨다면 인류는 악마의 지배로부터 벗어나지 못했을 것이다. 주님께서 귀신을 쫓아내심으로 내면을 지배하는 악마로부터 인간을 구원하신다. 이는 귀신을 쫓아내심으로 인간을 악령으로부터 자유케 하는 단면이다.

사람들은 귀신들린 자를 예수께 데려왔다고 하였다. 주님께서 귀신을 제거해 주실 것이라는 확신과 희망을 가지고 주님께 왔다. 주님은 말씀으로 귀신을 쫓아내시고 병든 자를 모두 고쳐 주셨다. 더러운 지옥으로 몰아가는 귀신이 물러나는 것밖에는 다른 길이 없기 때문에 귀신을 쫓아내신 것이다.

고로 귀신이 쫓겨나가도록 하기 위해서는 진리를 받아들이고 순종해야 한다. 이 말은 우리의 생각과 애정이 진리와 적극적인 협력이 없으면 귀신은 나가지 않는다는 말이다.

이런 기적은 저녁에 이루어졌다. 저녁 때는 마음이 희미한 상태이다. 동시에 하루 일과가 마무리 되는 때이다. 이는 거듭나는 마음의 준비를 의미한다. 인간의 마지막이 하나님의 시작이기 때문이다.

내 멍에는 편하고 내 짐은 가볍다

"내 멍에는 편하고 내 짐은 가볍다(마11:30)."

진리는 인간을 자유하게 하고 사랑은 완전한 자유를 준다.

주님의 짐은 진리의 짐을 말하고 멍에는 사랑의 멍에이다. 그러므로 주님의 멍에와 짐을 진다면 압박의 고통이 없고 행복한 느낌만 가득하다.

이 느낌은 예수의 멍에를 맨 모든 사람의 공통된 경험이다.

많은 이들이 천국을 향해 살아가는 것이 십자가 짐같은 고생이라고 말한다. 하지만 죄를 미워하고 주님을 사랑한다면 그 길이 오히려 기쁘고 감사하지 않겠는가?

주님께서 이 세상에 오신 것은 우리들로 하여금 죄의 멍에를 끊어버리고 천국에 쉽고 확실하게 갈 수 있도록 하시기 위함이다.

그분 자신이 율법의 짐과 멍에를 지셨기 때문에 우리로 하여금 주님의 멍에와 짐을 가볍게 짊어질 수 있도록 하셨다.

그분께서 우리의 짐을 아주 없애 버리신 것이 아님을 알아야 한다. 대신에 주님의 멍에를 져야 한다. 우리가 그분의 멍에를 짊어져야 하는 이유는 간단하다. 그분의 멍에는 편하기 때문이다. 그분의 멍에는 죄악와 싸우는 멍에이다. 그러나 두려워 하지 말라. 주님께서 도와주신다.

시편에는 "네 짐을 주님께 의지해라. 그러면 그분은 너를 받쳐 주리라." 고 말씀하셨다.

우리가 짐을 지고 세상을 살아갈 때, 짐을 진 상태에서 그분의 손이 우리의 짐을 떠받들어 주시리라고 말씀하고 있다.

주님은 우리의 인생 여정 동안 우리와 함께 하시면서 우리의 든든한 지지자가 되신다.

그리고 우리의 갈 길을 인도하신다.

서로 나누기

☞ 배운 것을 삶에 적용할 수 있도록 서로 나눠봅시다.

● 은밀하게 주신다

인간이 선한 인격으로 거듭나게 되는 것은 주님께서 은밀하게 선을 부어주시기 때문이다. 이렇게 함으로써 인간은 인격이 하늘에 맞게 재건설하게 된다. 만일 주님께서 주시는 것을 알게 되면 강제적으로 강요당하는 듯이 여겨서 오히려 반감을 가질 수가 있기 때문에 주님의 은혜를 보이지 않게 주신다.

주님은 인간 스스로 하는 듯 하시어서 인격의 변화를 이루신다.

●생각해 보기●

– 아버지를 멀리 떠나 먼 고장으로 간 둘째 아들에게는 결국 무엇이 기다리고 있는가?
– 손과 발이 묶인다는 것의 의미는?
– 불에도 물에도 넘어짐은 무엇인가?
– 오늘날의 열병은 무엇을 의미하는가?
– 결국 귀신은 무엇으로 인해 물러가는가?
– 내 멍에는 편하고 내 짐은 가볍다 라는 의미는?

노예되게 만드는 세력

주님의 뜻은 인간의
자유의지와 모순되지 않는다.
하지만 인간이 만든 교리는 하나님의
뜻과는 반대 방향으로 나간다.
그래서 결국 파멸로 이어진다.

네피림

"사람들이 땅 위에 늘어나기 시작하더니, 그들에게서 딸들이 태어났다. 하나님의 아들들이 사람의 딸들의 아름다움을 보고, 저마다 자기들의 마음에 드는 여자를 아내로 삼았다... 땅 위에는 네피림이라고 하는 거인족이 있었다. 그들은 하나님의 아들들과 사람의 딸들 사이에서 태어난 자식들이었다. 그들은 옛날에 있던 용사들로서 유명한 사람들이었다(창 6:1-6)."

 성경에는 노아 홍수 이전 시대에 네피림이라는 거인족이 등장한다. 네피림은 옛날부터 있던 용사였으며 당대에 유명한 사람이다. 본래 그들은 탁월한 설득력으로 거룩하고 참된 것을 만드는 이들이었다.

그런데 하나님의 아들들이 사람의 딸들에게 들어간 이후, 이들의 상태가 달라졌다. 성경에는 하나님의 아들들이 사람의 딸들에게 들어가 자식을 낳았으며 그 자식이 네피림이라고 말했다.

여기서 하나님의 아들들은 교리를 의미하고 사람의 딸들은 그 교리를 사모함을 의미한다. 그런데 여기서 사람의 딸은 나쁜 의미로 쓰여졌는데, 세속을 사랑하는 상태를 의미한다.

다시 말해서 교리가 세속적 욕망과 접목되어 이상한 교리를 전파하는 무리가 나온 것이다. 즉, 말씀을 자신의 욕망에 빗대어 남용하는 네피림이라는 무리가 나온 것이다. 이들은 왜곡된 교리를 가지고 강력한 설득력으로 사람들을 혼미하게 만들어 잘못된 길로 빠져들게 만들었다.

결론적으로 네피림은 세속적 교리를 가지고 설득력을 무기로 어리석은 영혼을 지옥으로 이끄는 자들을 의미한다.

오늘날 인간의 탐욕을 교묘하게 이용하는 교리로 어리석은 대중을 이끄는 자들이 있다. 이들은 기독교를 세속과 접목하여 축복과 성공을 위한 종교로 떨어뜨렸다. 이들은 진리를 혼탁하게 만드는 자들이다.

이로인해 진리를 얻고자 예배당에 찾아온 이들의 생각이 온통 성공과 물질적 축복에 빼앗겨 버렸다. 이들의 말은 절대적 힘을 가지고 있어서 그 말에 중독된 자들은 이들의 논리에 노예 신세를 면치 못한다.

이들에게 전갈의 독침 주사를 맞는 것과 같다. 정말로 무서운 일이 아닐 수 없다. 지옥 끝까지 데려가도 거짓을 부정할 수 없는 지경에 떨어진 것이다. 매우 위험한 악의 무리들이다.

주님께서 이들을 막아주시지 않으면 아무도 이들의 설득력에 반기를 들 수 없다. 성경에는 네피림의 후손으로 아낙 자손과 르바임을 지칭하고 있다.

"거기에서 우리는 또 네피림 자손을 보았다. 아낙 자손은 네피림의 한 분파다. 우리는 스스로가 보기에도 메뚜기 같았지만, 그들의 눈에도 그렇게 보였을 것이다(민13:33)."

"옛적에 그 곳에는 에밈 사람이 살고 있었는데, 그들은 강하고 수도 많았으며, 아낙 족속처럼 키도 컸다. 그들은 아낙 족속처럼 르바임으로 알려졌으나, 모압 사람들은 그들을 불러서 에밈이라 하였다(신2:10~11)."

메뚜기

"연기 속에서 메뚜기들이 나와서 땅에 퍼졌습니다. 그것들은, 땅에 있는 전갈이 가진 것과 같은 권세를 받아 가지고 있었습니다(계9:3)."

성경에 메뚜기 떼는 모든 푸른 것을 다 먹어버리는 재앙을 의미한다. 메뚜기가 쓸고 지나가면 모든 것이 남아있지 않게 되고 황폐하게 된다. 마음속 메뚜기는 감각적 욕망으로 신성한 모든 것을 갉아먹는 암덩어리 같은 존재이다. 감각적 애정을 토대로 살아가는 인간의 생각이다. 이런 생각을 메뚜기라고 표현한다. 메뚜기의 특징을 보면,

첫째, 메뚜기가 전갈의 권세를 가지고 있다고 하였다.

한번 전갈에 물리면 모든 기능이 마비된다. 전갈은 설득력을

가지고 인간의 생각을 마비시키는 세력을 의미한다. 전갈의 설득력 독침은 인간의 정신을 온통 마비시키는 기능을 한다. 고로 메뚜기는 과학이라는 이름으로 인간의 사상과 애정을 마비시키고 진리에 대한 판단력을 흐리게 만든다.

어리석은 자와 욕심이 가득한 자들은 이들의 논리에 깊이 빠져들어가고 만다. 이성, 양심, 지각과 같은 보이지 않는 세계는 관심에서 벗어나게 만들고 정서적으로 흥분 상태로 이끌어 지성적이 되지 못하도록 조종한다.

이들은 감각을 이용하여 쾌락을 추구하거나 눈에 보이는 것을 숭상하게 만듦으로 모든 양심과 순수한 마음을 파괴한다.

온통 인간을 과학과 물질과 본능의 노예로 만들어 버린다.

여기에 마비된 자는 하늘의 지혜를 잃어버리고 메뚜기에게 끌려 다니는 모양새를 유지한다. 한마디로 제 정신 상태가 아니다. 메뚜기는 전갈의 침을 주사하면서 이렇게 말한다.

"눈에 보이는 것이 전부이다. 오직 너 자신을 사랑하라. 네가 우주의 중심이다. 두려워하지 말라. 네가 있고 남이 있는 것이다. 아무 것도 믿지 마라. 하나님은 네 편이다."

이 말은 언뜻 듣기에 좋은 말인 듯 보이지만 실상 감각적인 자들에게는 바르게 살아야할 진리와 선의 열매가 필요없다는 말로 들린다. 어리석은 자에게 이런 말은 지극히 위험한 말이다.

또한 이들은 말하기를 "인간이 어떻게 하나님의 말씀을 다 지키며 살 수 있느냐? 하나님은 그것을 아신다. 자비하신 하나님은 부족한 인간이라도 모두 다 구원하신다. 정의가 없어도 하나님의 특별한 선택과 예정으로 반드시 도와주신다"고 말한다.

정욕적인 자들은 이런 말이 자기 입맛에 맞기 때문에 이런 말에 현혹된다. 전갈의 침을 가진 메뚜기는 이런 식으로 인간을 설득하여 감각적 교리의 노예로 만든다.

사실 이런 말에 설득당하는 자들은 주님을 사랑하는 자들이 아니다. 욕심에 쩌든 인간이 어쩌다 진리를 듣게 되어 진리를 욕망의 도구로 이용하는 자들이다. 아무리 겉으로 광명한 천사의 모습으로 꾸민다고 하더라도 속에는 욕심이 가득차 있을 뿐이다.

주님을 믿는다는 것은 진리의 삶을 살아가는 것이다. 하지만 욕심에 사로잡힌 자들은 자신의 욕심이 이끄는 대로 메뚜

146

기의 설득에 복종 당할 수밖에 없다. 감각적 추론이 둘러대는 설득력에 복종할 준비를 완벽하게 준비된 모습을 한다. 감각적 인간은 감각적 추론의 세계가 우주의 중심이다. 즉, 보고 듣는 것이 아니면 믿으려고 하지 않는다.

둘째, 메뚜기의 전투하는 모습이다.

"메뚜기들의 모양은 전투준비가 갖추어진 말 같았으며 머리에는 금관 같은 것을 썼고 얼굴은 사람의 얼굴과 같았습니다. 그것들의 머리털은 여자의 머리털 같았고 이빨은 사자의 이빨과 같았습니다. 그리고 쇠로 만든 가슴방패와 같은 것으로 가슴을 쌌고 그것들의 날개소리는 전쟁터로 달려가는 수많은 전투마차 소리 같았습니다. 그것들은 전갈의 꼬리와 같은 꼬리를 가졌으며 그 꼬리에는 가시가 돋혀 있었습니다(계 9:7-10)."

메뚜기는 전투하는 말 같다고 했다. 메뚜기가 전투 말 같다는 의미는 이해력의 싸움, 즉 논쟁하는 상태를 의미한다.

이해력은 진리를 알고 납득하는 능력이다. 말이 전투를 위해 준비된 것처럼 논쟁을 위해 준비된 것이다.

메뚜기가 전투 준비가 갖춘 말같고 머리에 금관을 쓴 것은 감각적 인간이 지적인 근거를 가지고 논리를 펼치는 광경을 표현한다. 추론을 가지고 최고의 진리인 것처럼 과시한다.

또한 메뚜기는 사람의 얼굴과 여자의 머리털을 가졌으며 이빨은 사자의 이빨과 같다고 했다. 이들은 공격 무기를 가지고 상대방을 물어뜯을 준비가 되었다. 쇠로 만든 가슴 방패가 있는데, 쇠는 문자적 진리를 의미한다.

우리가 알아야할 사실은 문자적 진리라는 것은 영적 진리를 담고 있다는 사실이다. 감각적 인간은 문자 외에는 영적 진리를 발견하지 못한다. 문자만이 진짜 진리인 것처럼 여긴다. 사탄은 문자적 진리를 가지고 진리 자체가 되신 주님을 무너뜨리기 위해 성경을 인용했다.

말의 모양을 한 메뚜기는 전투하기 위해 돌진한다. 메뚜기의 날개 소리는 전쟁터로 달려가는 수많은 전투 마차 소리와 비교된다. 여기서 전투 마차는 교리를 상징한다. 하지만 감각적 인간이 아무리 강하고 용감하다고 하더라도 본성은 감각에 불과할 뿐이다.

셋째, 메뚜기는 진리를 파괴한다.

메뚜기들이 연기 속에서 나와 땅에 퍼졌다. 연기는 지옥의 구덩이에서 뿜어나오는 거짓을 의미한다. 고로 연기에서 나온 메뚜기는 거짓된 사상으로 진리를 뒤바꾸어 버린 것을 말한다. 다시 말해서 모든 것을 감각으로만 판단하기 때문에 결국 진리가 추론으로 뒤바뀐 상태이다.

구체적으로 진리를 파괴하는 파괴자는 말씀을 듣기만 해도 구원에 이를 수 있다고 말한다. 행하지 않아도 된다고 유혹한다. 유대인들은 자신들은 선택된 민족이기 때문에 행하지 않아도 구원된다는 교리를 가지고 있었다. 그러나 주님은 말씀을 듣고 행하지 않으면 모래위에 집을 짓는 자와 같다고 말씀하셨다.

누구든지 이런 교리를 따르면 결국 파멸에 이르게 된다. 인간이 만든 교리는 감각에만 의존하기 때문에 하나님의 뜻과는 정반대되는 방향으로 나간다.

그래서 결국 파멸로 이어진다. 메뚜기는 구덩이에서 출발했으며 이들은 세상의 모든 진리를 파괴하기 위해 전투하는 자이다.

이세벨

"너는 이세벨이라는 여자를 용납하고 있다. 그 여자는 예언자로 자처하며 내 종들을 잘못 가르쳐서 미혹하게 했고 음란한 짓을 하게 했으며 우상에게 바쳤던 제물을 먹게 하였다(계 2:20)."

이세벨은 이스라엘의 악한 왕 아합의 아내이다. 그녀는 왕을 부추겨 악한 통치를 자행하도록 했다. 이세벨은 악한 욕망을 상징한다. 이 욕망은 인간으로 하여금 악을 행하도록 부추기는 마음이다. 이세벨은 인간 마음 안에 침투하는 파괴적인 원리이다. 이세벨의 원리는 교회를 파괴시키고 예언자를 죽이려고자 한다. 이런 원리는 죽은 믿음으로 인도한다.

이세벨은 종교라는 미명하에 탐욕을 행하는 것을 의미한다.

고로 이세벨을 따르는 무리는 탐욕의 원리를 따르며 결국 참혹한 죽음으로 끝맺는다.

계시록에서 이세벨은 여선지자로 등장한다. 영적으로 선지자는 교리를 가르치는 이들, 교리를 원리로 삼는 이들을 의미한다. 이세벨이 여선지자라고 불리고 있는 이유는 탐욕으로 인해 죽은 믿음의 교리로 따르기 때문이다. 그녀가 거짓의 교리로 거짓을 진리로 악을 선으로 바꿔놓은 것이다.

고로 이세벨의 가르침은 거짓된 원리를 진리로 여기도록 만드는 원리이다. 이런 꾐에 빠질 경우 그 결과는 음란한 짓을 하는 것과 우상에게 바쳤던 제물을 먹게 되는 것이다.

음란은 악과의 결합이고 우상에게 바친 제물을 먹는 것은 신성 모독이다.

결론적으로 어리석은 자로 하여금 음란에 빠지게 하고 우상 제물을 먹도록 유도한다. 결국 이세벨은 교회로 하여금 자아 숭배자가 되고 욕망에 사로잡히는 노예가 되도록 유혹하는 교회안에 들어온 거짓된 세력이다.

Part
6
이성적 자유

자유를 얻기 위해서는 먼저 감각적 세계에서
이성의 관문을 통과해서 합리성의 세계로
나가야 한다. 주님은 인간에게 이성을 주셨다.
이성은 참과 거짓, 선과 악을 분별하는 능력이다.

이성적 자유

 자유를 얻기 위해서는 먼저 감각적 세계에서 이성의 관문을 통과해서 합리성의 세계로 나가야 한다. 주님은 인간에게 이성을 주셨다. 이성은 참과 거짓, 선과 악을 분별하는 능력이다.

 고대 철학자들은 이성을 인간과 동물을 구별하는 기준으로 보았으며 인간을 이성적 동물이라고 하였다. 예로부터 이성은 어둠을 비추는 밝은 빛으로 상징되어 왔다. 데카르트는 모든 사람은 태어날 때부터 평등하게 이성적 능력을 갖고 있으며 이는 자연의 빛이라고 하였다. 철학자 칸트는 이성은 욕망에 의한 행위와는 반대라고 하였으며 인간은 이성으로 도덕적 행위가 가능하다고 말했다.

영국의 문호 셰익스피어는 그의 명작 "햄릿" 에서 주인공 햄릿의 입을 빌어서 이성에 대해 예찬하였다.

"인간은 얼마나 위대한 작품인가. 이성은 얼마나 고귀하고, 그 능력은 얼마나 무한한가. 그 형상과 동작은 얼마나 명확하고 훌륭한가. 행동은 마치 천사와 같고, 이해력은 신과 같다. 세계의 미요 만물의 영장이다!"

그는 인간은 신의 성품을 이어받은 고귀한 이성의 능력을 가졌기 때문에 지상의 모든 창조물보다 뛰어난 존재라고 말하고 있다.

인간은 어려서부터 장년에 이르기까지 지적 호기심과 더불어 배움을 통해 이성적 능력이 성장한다. 인간은 이성을 가지고 현실을 분석할 뿐 아니라 원인을 규명한다. 이성은 삶에서 일어나는 대인 관계, 윤리와 도덕, 상거래 등 모든 일들을 구분한다. 사실 이성 없이 삶을 유지한다는 것은 불가능하다. 과거 있었던 일로부터 실수를 반복하지 않기 위해서는 반드시 이성이 필요하다.

인간의 이성은 천국의 빛으로 주어진다. 주님이 이성을 주시지 않으면 이성적 능력이 성장할 수 없다. 이성은 인간이 스스로 노력하고 애쓰는 만큼 본성에 맞게 주어진다.

그러므로 누구든지 배우고자 하지 않는다면 이성의 능력은 성장할 수 없다. 이성의 능력은 지적 호기심을 동원하여 배움을 통해서 성장한다. 따라서 누구든지 노력한다면 충분하게 하늘로부터 이성적 능력이 주어진다.

주님께서 인간에게 이성을 주신 것은 자유의지에 의해 선택하는 삶을 살아가도록 하기 위함이다. 이성적 능력으로 선과 악 사이에서 올바른 선택을 하도록 하기 위함이다. 인간은 궁극적으로 하나님 아니면 악마에 속하지 않으면 안 되기 때문이다. 중간에 머물 수는 없다.

기독교철학자 C.S 루이스는 이렇게 말했다. "이 우주에는 중립적인 것은 단 하나도 존재하지 않는다."

자유는 하나님과 악마 사이의 팽팽한 평형을 유지하면서 정중앙에서 선이든 악이든 어느 한 쪽으로 선택하게 한다. 우주만물에는 이런 긴장 관계가 유지된다. 우리는 어느 쪽이든 선택을 해야만 한다.

만일 인간에게 태어나면서 이성의 능력이 주어지지 않았다면 선과 악을 분별하는 일은 없고 또한 선택하는 힘도 없을 것이다.

이성은 인간의 성품에 맞게 주님으로부터 주어진다. 건강한 마음을 갖고 있다면 건강한 이성이 주어지고 감각적 본성에 맞게 산다면 이성은 결핍 상태가 된다. 우리는 이런 현상을 주변에서 많이 본다.

흔히 알코올 중독자나 쾌락 위주의 삶을 살아가는 자들을 보면 이기심의 노예가 되어 이성적이 되지 못하고 술과 더불어 인생을 허비하고 삶의 균형이 깨어지고 선을 행하고자 하는 의지가 없고 앞뒤가 맞지 않는 말을 내뱉고 자신의 삶에 대해 책임지지 않는 행동을 하는 경우를 본다.

이성은 진리의 그릇이다

이성은 분별의 정도 차이에 따라서 진리를 담고 있다. 고로 이성을 통해서 진리를 분별하고 진리를 깨닫는다. 이성이 미약한 자들은 분별력 없고 작은 일에 감정을 폭발하고 기분대로 행동하고 거친 말을 내뱉으며 무책임한 행동을 한다.

대체적으로 이성적이지 않은 인간은 인생을 바르게 살고자 하지 않는다. 이들은 심사숙고하거나 사려 깊지 못한 행동을 한다. 그저 쾌락적 감각에 의존하여 짐승처럼 살아간다.

 이런 자는 바르게 살려는 마음이 없고 선하게 살고자 하는 의지도 없다. 장년이 되었음에도 불구하고 이성적으로 행동하지 않거나 이성적 능력이 미미한 인간은 거듭남이 없거나 선을 기대할 수가 없다. 그의 이성에 진리를 담지 않았기 때문이다.

 그러나 이성의 그릇에 진리를 담은 자는 선악을 구분하며 자신의 말과 행동에 책임을 지고자 하며 상대방의 입장을 고려한다. 이렇게 되는 이유는 이성 속에 진리가 담겨 있기 때문이다. 이성은 진리를 담은 정도에 따라 거듭남과 선용을 이룬다.

이성적 분별을 위해서

이성은 기억을 기초로 선과 악을 파악하는 눈을 가지고 있다. 인간이 잘못된 기억을 가지고 있거나 거짓을 믿고 있다면 이성은 왜곡된 판단을 할 수밖에 없다.

 기억은 이성을 섬기는 종의 역할을 한다. 이성은 기억에 의지하여 분별하는 기능을 한다. 고로 왜곡된 기억을 가지고 이성이 활동하면 잘못된 길로 빠질 수 있다.

하지만 잘못된 길로 갈 때 양심이 바른 길을 가도록 소리를 친다. 인간이 왜곡된 기억으로 이성이 올바른 분별을 하지 못하게 되는 경우에라도 인간에게는 이성의 상위 계층인 양심이 작동하고 있음을 알아야 한다.

어떻게 해야 이성으로 하여금 올바른 분별력을 갖도록 도와주는가?

첫째는 순수한 마음을 가져야 한다.

순수한 만큼 이성의 그릇은 진리를 담을 수 있는 능력이 확대된다. 순수함은 그만큼 진리를 받을 수 있는 그릇이 된다는 의미이고 불순함은 그만큼 진리를 받기 어려움을 의미한다. 인간이 순수한 그릇이 되어 진리를 담고 있을 때 이성은 더욱 빛을 발한다.

둘째는 감각의 눈에서 이성의 눈을 갖도록 힘써야 한다.

감각적이라 함은 보고 듣고 느끼는 오감의 상태를 의미한다.

사리분별을 감각에 의존하면 인간은 선로를 이탈한 기차와 같이 탈선하고 만다. 결국 파멸로 치닫게 된다. 이성을 버리고 감각에 도취되어 기분대로 사는 자가 있다.

그가 부자가 되어 돈의 위력을 가지고 군림하게 되어 그의 명령에 복종하는 자가 늘어나고 주변에 아부하는 이들이 이성의 눈을 어둡게 만들게 되면 그는 돌이킬 수 없는 파멸로 가게 된다. 이성의 눈이 어두운 지도자의 결국이다. 이는 이성을 잃어버린 감각의 노예가 된 자들이 어떻게 서서히 파멸해 가는지를 확실하게 보여준다.

진리와 이성

우리는 성경 속에서 의미를 알고자 한다. 문자적인 데만 의지하여 역사적인 관점으로만 성경을 이해하려고 한다면 하나님의 말씀의 의미를 하나도 알 수 없게 된다. 고로 성경은 이성적 능력을 활용해서 그 뜻을 분별하고 이해하고 해석해야 한다. 더구나 축복과 저주의 말씀을 자신이나 타인에게 적용해서 자기 만족을 위한 도구로 인용한다면 왜곡된 해석이 될 수밖에 없다.

흔히 성경구절을 자신에게 특별히 부여된 계시적 말씀이라고 주장하면서 마치 자신이 특별한 존재인 것처럼 자부심에 들뜬 이들이 있다. 지금 여기에서 말씀대로 살고자 적용하고

자 하는 의도가 아니라 자신이 높아지고자 하는 의도에서 문자를 적용하는 경우이다. 신실하게 주님을 따르고자 하는 이들은 문자적 진리속에서 영적 의미를 찾는다.

하나님께서는 이 말씀을 통해 우리에게 무엇을 가르치려고 하시는가? 이 말씀에는 무슨 의미가 담겨져 있는가? 하는 진리를 알고자 하는 순수한 의도가 있어야 한다.

광부는 지하갱도에 들어가서 돌을 캐내고 깨뜨려서 보석이 있는지를 찾는다. 땅속의 묻혀있는 광석은 아름다운 보석이 되기까지 수많은 연단 과정을 거친다. 보석은 빛이 투영되어 나타나는 빛깔로 구분한다. 보석이 빛으로 투영되는 것처럼 이성은 진리의 빛을 통과시켜야 한다.

이성은 문자속에서 진리를 캐내는 능력을 가지고 있다. 또한 삶에서도 이성을 통해 진리를 수용한다. 인간이 선하게 살고자 하는 의도를 가지고 진리를 배우고자 하면 이성은 분별력을 활용하여 선용하게 된다.

고로 성경을 대할 때 이런 목적과 깨달음이 없으면 의미를 이해하지 못하고 진리를 실천할 수도 없다. 선을 위한 목적 없이는 진리의 깨달음이란 주어지지 않는다.

이성은 내적인 면과 외적인 면으로 구분한다. 외적인 이성은 기억에서 비롯된 이성이고 내적 이성은 깨달음의 이성이다.

내적 이성을 가진 자는 자연과 성경 속에서 깊은 의미를 찾는다. 내적 이성이 작동하면 사후에 생명이 존재한다는 것과 믿음은 반드시 사랑과 일치해야함을 알게 된다.

외적 이성은 기억에 의해 신념을 갖는다. 고로 외적 이성으로만 사물을 이해하면 왜곡된 신념을 가질 수도 있다. 기억이 잘못된 정보를 입력할 수도 있기 때문이다. 마치 소경이 코끼리 다리를 만지고는 코끼리는 큰 기둥 같다고 주장하는 것과 같다. 그의 기억에는 기둥이라는 정보가 들어 있기 때문이다.

고로 외적 이성으로 세상을 살아가는 이들 중에는 잘못된 정보를 기반으로 둔탁한 이성으로 진리라고 판단할 수 있다.

그의 기억이 이성을 설득하여 신념에 갖도록 강요했기 때문이다.

합리성

진정 자유를 얻기 위해서는 이성의 바탕에서 합리적 이성으로 나가야 한다. 우리는 선이 들어있는 합리적 이성을 합리성이라고 부른다.

사전적 의미로 합리성은 "논리나 이치에 합당한 것"을 의미한다. 갓난아이는 삶에 대한 사전 지식없이 태어난다. 아이는 배움을 통해서 점진적으로 지식이 확장된다. 보고 듣는 기능을 통해서 기억을 갖고 이성이 성장함으로 점차적으로 합리적인 인간이 되어 간다.

초기에 인간은 보고 듣는 기능을 통해서 외부 정보를 받아들이기 때문에 외적으로 보이는 세계 외에는 알지 못하지만 어떤 지식이 들어오면 내부에서 그것을 질서 있게 배열한다. 그 내부 깊은 곳에는 위로부터 흘러들어오는 선이 있다. 주님께서 주시는 선이다. 선은 질서와 생명의 근원이다.

인간은 출생 당시에는 순진무구한 상태로 태어난다. 아이는 성장하면서 세상의 문화와 욕심에 물들게 된다. 아이는 점차적으로 세상 문화에 빠져들면서 물질과 세상에만 관심을 갖는다. 그럼에도 불구하고 순진무구 선은 마음 깊은 곳에 여전히 남아 있다. 이 선의 상태를 '남은 그루터기' 라고 한다.

만일 인간에게 이런 그루터기 선이 없다면 흉악한 괴물이 되거나 짐승으로 전락되었을 것이다. 그에게 악한 욕망이 일어날 때 남아있는 선이 없다면 짐승처럼 된다.

합리성은 지식과 인식의 기능이다. 인간은 합리성을 갖게 되면서 세상의 많은 정보를 습득한다. 그러나 합리성은 정보에만 머물지 않고 영적인 단계로 접어들게 된다.

합리성은 주어진 정보를 영적인 정화 작업을 한다. 고로 합리적인 사람은 정화 능력이 뛰어나다. 기억에만 의존하지 않는다. 기억을 다시한번 거듭 인식함으로 변화된 깨달음을 갖는다. 마치 할례가 삶의 잘못된 죄를 잘라냄으로 정화를 하듯이 합리성은 할례 능력을 소유하고 있다.

주님께서도 합리성의 단계를 거치셨다. 성경에서 "아버지여 아버지의 이름을 영광스럽게 하옵소서 하시니 이에 하늘에서 소리가 나서 가로되 내가 이미 영광스럽게 하였고 또 다시 영광스럽게 하리라(요12:28)."는 구절은 힙리성의 정화를 의미한다.

두 번째, 거듭나기 전과 거듭난 이후의 합리성은 다르다.

거듭나기 전의 합리성은 세상에서 배운 것을 진리로 인정하고 확신한다. 일반적으로 사람들은 학문이나 추론에 의한 사상을 진리라고 말한다.

거듭나기 전의 합리성은 보고 듣는 감각에 의해 외부 정보를 받아들이고 활용하지만 거듭난 이후에는 외부 정보에 의해서 판단하기 보다는 하늘의 진리와 더불어 살아간다.

거듭난 이후의 합리성은 진리에 대한 지각이 있으며 속사람의 이해에서 나온다. 이때의 합리성은 내적으로 진리를 알아차린다. 이런 통찰력은 하늘로부터 주어진다.

첫째 합리성

첫째 합리성은 거듭나기 전의 합리성을 말한다. 이때의 합리성은 감각, 삶의 지식, 교리 등의 개념을 갖고 있다. 이때는 단지 기억의 수준이고 보이는 세계의 물질적 관념들로 구성되어 있다. 첫째 합리성은 자아에서 모든 것을 판단하고 결정하기 때문에 자아 중심적이고 세상을 사랑한다.

고로 이 단계에서 선을 행하는 것은 자신이 인정받고 칭찬 얻기 위함이며 자신 스스로 행하는 것으로 여긴다. 이때의 합리성은 오직 감각으로부터 받아들인 정보만을 믿기 때문에 신령한 영적 의미를 받아들이지 못한다. 첫째 합리성으로는 천국과 지옥, 사후의 삶, 주님의 나라의 개념을 믿지 못한다.

감각에 접촉되지 않는 것은 받아들이지 않기 때문이다.

더구나 영적 세계는 더욱 그러하다.

이 때는 자신의 명예를 생각하고 행동한다. 이때는 명예를 사랑하기 때문에 자유 의지에 맞게 공정하게 행한다. 첫째 합리성의 단계는 눈에 보이고 들리는 감각적 세상과 자연만이 이들에게 진리일 뿐이다. 그리고 이들은 성경을 단지 문자적이고 역사적 사건으로만 받아들인다. 이들은 감각에 기초한 사실과 철학적 논증에 근거를 두고 깊은 영적 진리를 이해하지 못한다. 자신들의 머리 속의 지식으로만 판단하기 때문에 과학적 증거가 없으면 믿으려 들지 않는다.

둘째 합리성

둘째 합리성은 거듭난 이후의 합리성이다. 이때는 영적 진리를 받아들이고 말씀속에서 그 의미에 충실한다. 이때는 점진적으로 진리와 선에 일치하는 삶을 살아간다. 둘째 합리성의 단계에 들어와서야 인간은 비로소 생명을 얻게 된다.

이때는 마치 좋은 땅에서 심겨진 씨가 뿌리를 내리고 싹이 돋고 나무로 자라면서 가지를 뻗어 열매를 맺는 것과 같다.

즉, 영적 포도원이 된다(마13:31-32, 요12:24).

둘째 합리성의 단계는 진리는 자신의 능력으로 습득한 것이 아니라 주님으로부터 오는 것이라고 믿는다. 이들은 자기 공로를 거절한다. 이를 확신할수록 진리로 인도되어 모든 선함과 진리는 주님이 주시는 것을 믿기에 이른다.

주님은 첫째 합리성의 자아는 점차적으로 멀어지게 하시고 둘째 합리성에 맞는 새 자아를 주신다. 새 자아는 진리 자체에서 즐거움을 느끼게 되어 더 없이 행복하게 된다.

사람이 둘째 합리성을 가지게 되면 악을 미워하게 되고 진정한 사랑과 기쁨에 들어간다. 악을 미워하고 선을 행하는 것이 자유처럼 보이지 않지만 진정한 자유의 반열에 들어선다.

이는 이성과 일치한 자유이며 선에서 비롯된 자유이다. 누구든지 그가 진정 선을 원한다면 합리적 자유를 얻을 수 있다. 주님께서 이런 능력을 끊임없이 주신다. 그러나 불행하게도 선을 원치않기 때문에 노예가 된다. 중요한 사실은 거듭난 사람이 둘째 합리성을 가지고 있다고 하더라도 첫째 합리성은 다만 분리되어 있을 뿐이고 여전히 마음 한쪽 구석에 남아있음을 알아야 한다.

서로 나누기

☞배운 것을 삶에 적용할 수 있도록 서로 나눠봅시다.

● 거듭남

악마는 인간의 이성을 흥분시켜서 거짓을 생산한다. 그리고 그것
이 진리라고 설득한다. 고로 인간은 먼저 거짓들과 싸워야 한다.
그러나 실제 싸우는 것은 인간이 아니고 수호 천사를 통한 주님의
싸우심이다.

그리하여 마음속에 거짓이 물러날 때 비로소 진리를 받을 준비를
갖추게 된다. 거짓이 득세하는 한, 인간은 신앙의 진리를 받을 수
없기 때문이다. 그가 이렇게 신앙의 진리들을 받을 준비가 완료되
면 거듭남이 이뤄진다.

●생각해 보기●

– 이성을 예찬해 보라.
– 이성적 자유는 무엇을 말하는가?
– 외적 이성과 내적 이성은 무엇을 말하는가?
– 이성으로 하여금 옳바른 분별력을 갖도록 하려면?
– 진리와 이성의 관계를 말해보라.
– 합리성이란?
– 첫째 합리성과 둘째 합리성을 비교해 보라.

Part
7
양심의 자유

양심은 인간으로써 당연히 지켜야 하는
선, 진리, 공정, 의를 위한 내적 명령이다.
양심은 인간으로 하여금 선을 행하도록 이끈다.

양심의 자유

양심의 자유를 누릴 수 있는가? 만일 양심의 자유를 누린다면 그는 하늘의 사람이 틀림없다. 양심은 인간으로써 당연히 지켜야 하는 선, 진리, 공정, 정의를 위한 내적 명령이며 내적 법률이다. 양심은 인간으로 하여금 선을 행하도록 이끈다. 인간이 악을 행하면 양심이 나서서 가로 막으며 소리를 친다. 어떤 이가 아무도 보는 이가 없는 길에서 돈 가방을 주웠다. 그는 가방 속에 들어있는 많은 돈을 보고는 갖고 싶은 욕심이 생겼다. 그러나 마음 한구석에서는 이를 허락하지 않고 주인에게 돌려주라고 소리치고 있었다. 그는 마음의 소리에 귀를 기울이고 주인을 찾아 돈을 돌려주었다. 그리고 나서야 마음에 평안이 찾아왔다. 이것이 양심적 자유이다.

인간이 양심에 따라 행동하면 평안을 얻지만 양심에 저촉이 생기면 불안해진다. 이를 두고 '양심의 가책' 이라 부른다.

양심의 가책은 신의 계명을 어기거나 이웃에게 해를 끼치거나 악을 행했을 때 생기는 존재적 불안이다.

사람이 어떤 생각을 할 때 불안이 느껴졌다면 양심이 발동했기 때문이다. 양심의 고통은 선과 진리의 박탈로 인한 고통이다. 고로 양심이 자유를 얻는다는 것은 선과 진리에 떳떳하다는 것을 입증한다.

양심은 의지적으로 선을 행하도록 이끌고 악한 행동을 금지한다. 양심의 특성을 분류해보면

첫째, 양심은 믿음과 행위가 일치된다.

양심적으로 행동한다는 것은 믿음에 따라 행동하는 것이다. 믿음과 행위가 불일치하는 것을 양심이 허용하지 않는다. 양심은 자신의 믿음과 함께 삶이 이루어지기를 원하기 때문이다. 양심은 타인에 대한 행위를 마음에서 규정한다.

양심은 타인의 이익을 구한다. 양심이 없는 인간은 자신의 이익을 위해 마음의 규율을 무시한다. 즉 믿음과 행위의 불일치이다. 마음과 행동의 불일치는 양심을 무시한 증거이다.

양심을 억누르거나 무시를 반복하면 양심은 소멸된다. 양심을 무디게 하는 행위를 반복하는 자를 성경에서는 "용"이라고 한다.

둘째 양심은 종교적이다. 양심은 신과 인간 사이의 중간 매체이다. 종교의 목적은 인간으로 하여금 선을 행하도록 하는 데 있다. 그래서 종교는 진리를 제시한다.

양심은 역시 선을 목표로 하기 때문에 종교에 속해있고 진리에 의해 형성된다.

고로 양심이 생성되기 위해서는 진리를 순수하게 배우고 행해야 한다. 누구든지 그 사람에게 진리가 있는지를 알고자 한다면 양심을 살펴보면 안다.

진리에 대해 눈을 뜬 사람은 그렇지 못한 사람들에 비해 더 큰 양심이 주어지기 때문이다. 인간은 마음에 진리를 수용하는 정도에 따라 양심이 형성된다. 고로 양심은 천국의 그릇이다. 인간에게 양심이 무디거나 문제가 생겼다면 천국을 받아들일 수 없는 상태가 되었음을 말해준다.

세 번째, 주님은 양심으로 사람을 다스리신다.

주님께서 인간을 다스리는 양심의 영역은 주님 사랑과 이웃 사랑의 양심, 법적으로 공정한 양심, 자기 사랑과 세상 사랑의 양심이다. 양심은 거듭난 인간에게 주시는 의지의 산물이다. 사람이 거듭나면 먼저 양심이 살아난다.

그러나 진리를 아예 믿지 않는 자나 진리를 지식으로만 갖고 있으면서 실천하지 않는 사람은 양심이 없다. 또한 남에게 보이기 위해 살아가는 자도 양심이 없다. 양심은 주님께서 주시는 새 의지와 새 이해이다.

양심은 선을 목표로 하기 때문에 선한 목자가 되시는 주님은 양심의 불을 밝힘으로 사람을 인도하신다. 양심이 결여된 자들은 마음에서 들려오는 양심의 소리에는 관심이 없고 오로지 눈에 보이는 감각적인 세계와 기억만이 중요하다.

그러기 때문에 보이지 않는 세계에는 관심이 없는 것이다. 양심이 없는 사람에게는 돈, 재물, 보석과 같은 보이는 세계에만 관심이 있다. 이들은 자기와 세상에 대한 욕심 때문에 재물을 잃을 것에 대한 두려움만 있다.

네 번째, 양심에는 선한 양심과 바른 양심이 있다.

선한 양심은 속사람의 양심이고 바른 양심은 겉사람의 양심이다. 선한 양심은 의지적이고 바른 양심은 이해적이다.

선한 양심을 가진 사람은 반드시 바른 양심을 가진다. 바른 양심에는 선한 양심을 받아들이는 기능이 있기 때문이다.

그리고 진리를 진실된 마음으로 영접하면 양심이 확장된다.

사람이 진리를 사랑하면 양심이 살아난다. 그는 선한 일을 하게 된다.

이처럼 양심에는 내적인 것과 외적인 것이 있다. 내적 양심은 선과 진리의 양심이고 외적인 양심은 정의로운 양심이다.

다섯 번째, 양심은 거듭난 인간의 새로운 의지이다.

거듭난 사람은 양심의 소리에 귀를 기울이고 그 말에 순종하며 옳은 일을 한다. 그러나 거듭나지 못한 인간은 어떻게 하든 양심을 누른다. 오랫동안 은밀한 죄를 짓는 자가 양심의 가책을 느끼지 못하는 경우는 그만큼 양심을 내리 눌렀기 때문이다. 그러나 그가 회개하고 새로워지게 되면 먼저 양심이 부활한다.

양심에는 영적 생명이 들어있다. 양심에 저촉되게 행동하면 생명에 거슬린다. 양심에 따라 선하고 바른 것을 행하면 생명이 있다.

사후 악한 자들이 지옥에 떨어졌을 때 그들의 양심의 형편이 어떤가? 그들이 세상에서 양심이 없게 살았다면 저 세상에서도 마찬가지이다.

지옥에 있는 인간은 자신이 행한 행동에 대해 아무런 양심의 가책을 느끼지 않는다. 왜냐하면 양심은 오직 주님과 이웃을 사랑하는 자들 가운데 있기 때문이다.

여섯 째, 양심이 없는 사람은 양심이 무엇인지 모른다.

양심을 비웃는 사람도 있다. 어떤 이들은 양심에 대해 말하기를 부모로부터 배운 것이라고 하기도 하고 종교 때문이라고 말한다. 또한 양심이 있는지조차 모르고 살아가는 사람도 많다.

인간은 죄를 짓게 되면 양심의 가책으로 불안이 찾아든다. 양심의 소리를 들을 때 인간은 둘 중 하나를 선택해야 한다.

하나는 양심의 소리를 따르든지 다른 하나는 양심을 내리 누르든지 해야 한다. 만일 양심을 무시하고 계속 죄를 짓게 되면 시간이 지나면서 양심은 소멸되고 가책을 느끼지 못한다.

그리고 죄가 주는 달콤함과 매력과 긴장감과 즐거움에 도취되어 내적인 소리를 들으려고 하지 않는다.

그는 양심의 가책을 무마하기 위해 쾌락에 몰입하여 잊어버리든가 외적인 일에 관심을 쏟는다.

 남자는 일에서 여자는 외모와 친구 만나서 한담하는 일에 모든 관심을 다 쏟는다. 자신이 힘들고 어려운 점을 동류들과 공유하면서 죄를 합리화한다.

 이들은 자신이 이럴 수밖에 이유를 그럴듯하게 변명을 만들어내면서 지지자로부터 공감을 불러낸다. 외적으로는 타인에게 성실하게 보이고 외모나 행위를 그럴싸하게 포장한다.

 남들 앞에서 인정받기 위해서 그 앞에서 칭찬을 하거나 치장하거나 일을 한다. 그럼에도 마음 속에서는 양심의 가책이 어느새 비집고 올라온다. 그럴수록 양심의 소리를 무마하기 위해 더욱 외적인 일에 몰입한다. 그것도 시간이 지나면서 어느 정도 퇴색해 버린다. 시간이 갈수록 인간은 왠지 모를 두려움에 사로잡히고 조급함이 늘어난다. 결국 이들은 새로운 결정을 내린다. 즉, 자신의 거짓된 행위를 포장만으로만 그치는 것이 아니라 정의로운 행동이라고 아예 바꾸어놓는다. 한마디로 죄에 대한 배짱이 늘어난 것이다.

 결국 그는 더 큰 죄를 모의하고 생각해내고 간악한 행위를 서슴없이 저지르게 된다. 처음에 양심의 가책에서 돌이키지 않은 것이 시간이 지날수록 구덩이는 더 큰 죄악의 구덩이로 변하게 되었다.

우리나라 속담에 바늘 도둑이 소도둑이 된다는 말이 있다. 양심의 소리를 거부한 결과 죄를 인정받고 합법화하려고 하고 시도하다가 이제는 양심이 굳어져버려 뻔뻔함에 이른다.

여기까지 오기에는 많은 시간이 흘러버렸다, 모두다 양심의 소리를 무시하면서 살아온 시간이다. 인간은 자신의 행위를 감추거나 혹은 합리화하여 그것이 올바른 선택이었다라고 타인에게 인정받고 싶어한다.

예컨대 차량 사고가 나서 상대방에게 피해를 주었을 경우 인간은 보험이라는 제도를 만들어서 피해 보상을 해주면 모든 것이 다 해결된 것처럼 안위한다. 하지만 양심은 보상만으로 외적인 문제가 해결되었다고 보지 않는다. 양심은 선을 목표로 하기 때문에 외적인 합리화나 포장만으로 문제 해결을 보지 않는다.

양심은 그의 생각과 행위가 일치하지 않으면 비록 외적으로는 보상이 되었다고 하더라도 그 소리는 끊임없이 소리친다.

죄를 짓는 이들은 이런 양심의 소리를 잠재우기 위해 자신의 처지에 용기를 줄만한 내용의 성경구절을 반복하거나 누군가 용기를 주는 말을 했을 때 솔깃하게 되어 더욱 죄와 밀착된 경지에 이른다. 악한 자들은 이를 매우 잘 이용한다.

고로 불량한 자들의 속삭임은 악마의 속삭임인 것이다. 그는 자아애를 더욱 부풀리게 되어 양심의 소리를 없앤다. 이들에게는 눈에 보이는 감각과 기억에 증거가 없으면 합법이다. 이들은 외적인 증거가 없으면 아무런 문제가 없다고 여긴다.

양심은 주님이 부여한 마음의 법이며 천국과 지옥이 갈리게 한다. 천국은 양심이 있는 자들의 모임이며 지옥은 양심 없는 자들의 모임이다. 결국 선한 사람은 양심을 가지고 있지만 악한 사람에게는 양심이 없다.

일곱 번째, 양심의 고통은 선과 악의 싸움에서 온다.

인간은 거대한 힘을 가진 두 세력이 있다. 천사와 악마이다. 둘은 진리와 거짓과 선과 악의 싸움을 벌인다. 인간은 둘 중 하나에 소속되어야만 한다. 천사는 양심을 세우고자 하고 악마는 양심을 파괴하려고 시도한다. 인간이 어떤 잘못된 행동을 할지라도 양심의 고통없이 살아가도록 하는 것이 악마의 목표이다. 고로 양심이 공격 받는 것은 영적인 시험이다.

Part

8
자유의 종류

주님은 감당치 못할 시험은 허락하시지 않는다
시험으로 인해 거듭나면 자유가 주어지고
그 후에는 천사의 섬김이 있다.

시험으로부터 자유

　성경에 "방주로부터 나가라" 는 말씀이 있다. 세상은 홍수에 덮여 있고 노아는 방주 안에 있다. 그는 배안에 갇힌 포로 신세나 다를 바 없다. 지금 노아는 거짓을 의미하는 물에 둘려있는 시험의 상태에 있으며 홀로 배를 띄우고 있다. 시험의 전투 중이다. 고로 노아가 방주로부터 나감은 시험을 이겨냄이며 자유를 의미한다.

　시험을 이기는 방법은 무엇인가? 주님께서는 진리를 통해 인간을 자유케 하신다. 고로 노아에게 진리가 주어지면 자유롭게 된다.

　악마는 시험하는 자이다. 악마는 무엇이든 강제적이고 격렬하게 지배하려고 든다. 악마는 인간을 완전 복종하게 만들어서 인간을 노예로 만들고 지배하고자 한다.

악마가 인간을 지배하면 인간은 아무런 힘도 쓰지 못하고 지배자 앞에 점령당하는 신세가 된다. 즉, 노예로 전락한다.

주님께서 악마의 지배하에 있는 자를 멍에로부터 자유롭게 하실 때, 영적 전투는 필수적이다. 주님은 우리가 영적 전투를 할 때 힘을 부여하셔서 이기도록 하신다.

주님은 감당치 못할 시험은 허락하시지 않는다. 시험으로 인해 거듭나면 자유하게 되고 그후에는 천사의 섬김이 주어진다. 그리하여 악마의 지배에서 벗어나게 된다.

고로 시험을 두려워 하지 말라. 약해지지 말라. 시험으로 인해 그동안 쌓였던 묵은 때가 벗겨진다. 눈에 비늘 벗겨지듯이 시험으로 깨달음을 얻게 되어 그간 자신을 지탱해 왔던 큰 기둥이 뿌리채 뽑혀진다. 시험은 심판의 날에 벗겨질 것이 미리 벗겨지는 기회이다.

먼저 벗겨지면 그날을 위해 대비할 수 있다. 만일 저세상에서 벗겨지면 그날은 두려움의 날이 될 것이다. 그때는 기름을 얻으러 다니던 미련한 처녀처럼 이미 늦을 수 있다.

자발적 자유

주님은 그 누구도 강요하시지 않는다. 선하고 참된 것을 생각하라고 강요당한 자는 절대로 개혁되지 않기 때문이다. 자발성은 강요와는 다르다. 누구든지 자발성 없이는 개혁이 불가능하고 천국을 받을 수 없다. 자발성은 시험 당할 때 가장 요긴하게 쓰이며 공격당할수록 더 강해지는 특성이 있다.

죄를 더 이상 짓지 않기 위해서 몸부림치는 자가 있다. 그는 거짓된 속삭임과 어두운 악에 대항하고자 애를 쓴다. 초기에 그는 자기 힘만으로 죄를 이기는 것이라고 생각했다. 시간이 지나면서 그는 자기 힘만 가지고는 죄악과 싸울 수 없음을 깨닫게 된다.

악마를 대항하기에는 자기 힘이 너무나 부족하다는 것을 알게 된 것이다. 그는 그간 시험에서 이길 수 있었던 것은 자기 힘이 아니라 주님께서 그에게 힘을 주셨기 때문임을 알게 되었다. 주님이 선한 힘을 주시지 않으면 악마를 대항하기란 절대로 불가능함을 깨달은 것이다.

그는 악마의 유혹이 올 때마다 굳건하게 믿음을 지켰다. 불같은 시험이 올 때 담대하게 목숨을 걸고 신앙을 지켰다.

그는 하늘나라를 사모하였으며 항상 선하게 살고자 하였으며 진리를 바라보았다. 그는 죄악을 멀리하기위해 시험당할 때마다 자신에게 천국의 소망을 가지라고 격려했다. 비로소 그에게 천국이 주어졌다. 그가 천국에 들어갈 수 있었던 이유는 자발성이 있었기 때문이다. 주님은 마음속에 자발성을 공급하시므로 시험을 이기도록 독려하신다.

자발성안에는 자유가 있다. 죽음의 위험을 무릅쓰고 기꺼이 선을 수행하고자 하는 그 마음안에는 당시에는 너무나 고통스럽고 자유가 없는 듯 보이지만 마음 깊은 곳에는 자유와 평화가 머문다.

마음속 자발성의 힘은 악이 공격하는 힘과 대등하다. 그렇지 않으면 누구든지 악의 공격을 감당할 수 없다. 그 힘은 주님께서 주신다. 주님은 이런 힘을 양심 속에 넣어주신다. 당사자는 자기 힘으로 악을 물리치는 듯 여기지만 실제로는 주님께서 마음속에 주입하신 것이다.

그러므로 자발성 없이는 죄를 이길 수 없다. 결국 주님이 주시는 힘은 자발적 자유 안에서만 가능하다.

반면에 자발성없이 진리를 거절하는 자들이 있다. 탐욕과 쾌락에 눈이 어두워 바른 길을 저버리고 자기 마음대로 행동하는 자가 있다. 이런 자는 끊임없이 자기를 높이고 겉으로 포장하는 일에 분주하며 허세에 모든 정력을 기울인다. 이들은 누군가로부터 이의를 제기당하면 언제나 변명으로 일관한다.

이들은 스스로 말하기를 "괜찮아! 어때서 그래, 인생은 짧아. 나는 이래도 돼. 왜냐하면 특별하니까. 누가 뭐래, 내게 이런 일에 대해서 말하는 그 인간은 별 볼 일 없는 자들이야! 지들은 나보다 더하거든" 라고 변명하면서 자기 마음속에 죄를 지어도 괜찮다고 스스로 격려한다. 이것은 변명적 자발성이다.

마음속에 이런 식으로 말하는 한, 자발성이 없기 때문에 주님으로부터 새 의지를 받을 수 없다. 이들은 선을 원치 않는다. 자발성이 없기에 오히려 선을 향해 대적한다.

중요한 것은 외부에서 강요하는 것은 진정한 강요가 아니고 마음속에 스스로 다짐하는 것만이 진정한 의미에서 자유라는 것이다.

결국 자유의 보편적 원리는 자발적이며 선하고 참된 모든 것은 자발적 자유 안에 뿌려진다. 그렇지 않으면 인간은 본래 선을 사모할 수 없고 받기에도 불가능하다. 분명한 것은 자발적이지 않은 것은 주님께서 열납하시지 않는다는 것이다.

그러므로 강요에 의한 예배는 실상 아무 것도 없는 상태에서 예배의 흉내만 낼 뿐이다. 이런 자는 예배하고는 아무런 상관이 없다. 하지만 그가 거듭나게 되면 자발적으로 자기 스스로를 설득하게 된다. 즉, 자발성이 생긴 것이다.

그리고 거듭나면 자발성으로 인해 더 큰 자유를 갖게 된다.

갈수록 더 자유롭고 더 완전하게 되는데 더불어 선에 대한 애착과 진리에 대한 애착이 확장된다. 그에게 참된 자유와 기쁨과 더불어 행복이 주어진다.

내가 처음 주님을 만났을 때, 나는 교회일이라면 모든 일을 제쳐 두고 열심을 내었다. 나는 생사화복과 나의 운명이 주님의 뜻에 의해 이루어지므로 나는 내가 하는 일이 가치없는 일로 여겼다. 오로지 나는 성경 읽기와 기도가 최고의 가치이며 전부라고 여겼다. 내가 세상 일을 하다가 오히려 주님의 영광을 가릴 수도 있겠다고 생각했기 때문이다.

나는 주님의 섭리와 계획이 없으면 아무 일도 하기 싫었다.

그래서 나는 "주님 뜻을 알려주세요" 하고 기도하였다.

나에게 새 자아가 생긴 이후, 주님께서 내게 자발성을 주셨음을 알게 되었다. 나의 열심이 내 것이 아니었음을 또한 알게 되었다. 주님은 내가 자발적으로 주님을 섬기기를 원하심을 깨닫게 되었다.

주님은 억지로 하는 것을 원치 않으시고 자발성을 가지고 스스로 죄와 싸워 이기는 모습을 보기 원하시고 선한 일을 하기를 원하심을 깨닫게 되었다.

고로 베드로는 교회 장로들에게 자발적이 되도록 이렇게 권고한다.

"너희 중에 있는 하나님의 양 무리를 치되 억지로 하지 말고 하나님의 뜻을 따라 자원함으로 하며(벧전5:2)."

불순에서의 자유

"너희가 여호와께 가져 올 음식 제물은 누룩과 더불어 만들어서는 안 된다(레2:11).", "너희는 누룩과 더불어 제물의 피를 바치지 말라(출23:18, 34:25)."

음식 제물을 드릴 때 누룩을 넣지 말고 빵을 구우라고 하였다. 이는 순수하게 예배를 드려야 함을 말씀하심이다. 누룩과 발효된 빵은 불순한 악의 상태를 의미한다.

고로 누룩 없는 빵의 제물은 불순에서 자유로워져야 한다는 것을 의미한다. 누룩 없는 빵은 순수한 사랑을 의미한다. 누룩을 넣지 않은 것을 굽는 것은 순수한 상태를 의미한다.

그래서 유월절에는 발효되지 않은 빵 혹은 누룩 넣지 않은 빵만을 제물로 바치라고 명령되었다. 유대인들은 이 기간을 두고 무교절 즉, 누룩 없음의 축제라고 불렀다(레23:6, 민28:16, 17, 마26:17, 눅22:1,7).

"칠일 동안 너희는 누룩 없는 빵을 먹을 것이다. 첫 날에서 조차 너희는 너희 집에서 누룩이 없게 할 것이다; 그 이유가 첫 날로부터 칠 일까지 누룩 있는 것을 먹는 자는 누구든지 그 혼은 이스라엘로부터 잘리울 것이다. 첫 달에서 그 달의 십사 일 째 저녁에서 너희는 누룩 넣지 않은 빵을 그 달의 이십 일 일 저녁까지 먹을 것이다. 칠 일 동안 너희 집에서 누룩이 발 견되지 않아야 한다. 그 이유가 누룩 있는 것을 먹는 자는 누 구든지 그 혼이 체류자이든 그 토지의 출생자이든 이스라엘 의 회중으로부터 절단되기 까지 할 것이기 때문이다(출12:15, 18-20)." 이는 사랑이 오염되지 않도록 하시는 주님의 뜻이 담겨 있다. 만일 누룩넣은 빵의 제사를 드리면 오염된 사랑 이고 영적인 것을 모독하는 것이므로 멸망당할 수밖에 없다.

그러면 유월절은 무엇을 의미하는가?

유월절은 주님과 인류의 연합을 의미한다. 이는 주님께서 성 만찬하신 사건과 비유된다. 성만찬은 포도주와 빵을 먹는 예 식으로 주님과 사람의 연합을 의미한다.

본래 유월절은 출애굽에서부터 시작되었다. 이스라엘 자손들이 이집트로부터 나갈 때 특별히 지시된 요리 방법은 다음과 같다.

"밤에 그 고기를 불에 구워 무교병과 쓴 나물과 아울러 먹되 날것으로나 물에 삶아서 먹지 말고 머리와 다리와 내장을 다 불에 구워 먹고 아침까지 남겨두지 말며 아침까지 남은 것은 곧 불사르라(출12:8-10)."

이때 특별 지시사항은 밤에 먹어야 하고 고기는 불로 구우며 쓴 나물 위에 누룩 없는 빵을 먹고 날 것을 먹거나 물로 삶거나 하지 말며 아침까지 그것을 남겨두지 말라고 하였다. 그리고 남은 것을 불로 태우라고 하였다.

이런 명령 속에는 영적인 의미가 들어 있다. 영적 의미가 없다면 굳이 이런 명령을 내릴 필요가 있겠는가?

자유에 의한 예배

주님께서 순수한 제사를 원하시는 것처럼 예배는 자원해서 드려지기를 원하신다. 그렇지 않으면 그것은 진정한 예배가 아니다. 성경은 자원해서 바치는 제물, 평화 제물, 감사 제물

같은 경우에 자유로 드려야할 것을 말씀한다(민15:3).

제물은 마음을 표현한다. 시편 기자는 이렇게 노래한다.

"나는 자유 의지의 공물을 가지고 당신에게 바칠 것입니다. 나는 당신의 이름에 고백할 것입니다. 오! 여호와시여, 그 이유는 그것이 선이기 때문입니다(시54:6)."

이스라엘 백성들이 성막을 건축하는데 필요한 물품을 기증받거나 수집하거나 거룩한 의복을 만들기 위해서 자원해야 함을 말씀한다.

"이스라엘의 아들들에게 이야기하라. 그리고 그들로 나에게 공물을 가져오게 하라. 자기 심정이 기꺼이 발동하는 모든 사람으로부터 너희는 나에게 공물을 가져올 것이다(출25:2)."

제물은 구원해주시기를 바라는 차원에서 바치는 다양한 사랑의 표현물이다. 하나님께 바치는 제물은 그분이 우리에게 이미 주신 선물을 그분께 되돌리는 것이다.

고로 제물은 자유에 의해 자원해서 드리는 마음이 없으면 아무 것도 아닌 것이다.

종들의 자유

"히브리 종을 사면 그는 여섯 해 동안 섬길 것이요 일곱째 해에는 몸값을 물지 않고 나가 자유인이 될 것이다(출21:2)"

히브리인 종의 경우, 칠년 째에는 자유하라고 명령되었다.

그리고 종의 아내에게는 이렇게 명령하였다.

"만일 그가 단신으로 왔으면 단신으로 나갈 것이요 장가들었으면 그의 아내도 그와 함께 나갈 것이다(출21:3,4)."

가난한 형제에 대해서는,

"너와 함께 있는 네 형제가 가난하게 되어 네게 몸이 팔리거든 너는 그를 종으로 부리지 말고 품꾼이나 동거인과 같이 함께 있게 하여 희년까지 너를 섬기게 하라 그 때에는 그와 그의 자녀가 함께 네게서 떠나 그의 가족과 그의 조상의 기업으로 돌아가게 하라 그들은 내가 애굽 땅에서 인도하여 낸 내 종들이니 종으로 팔지 말 것이라 너는 그를 엄하게 부리지 말고 네 하나님을 경외하라(레25:39-43)."

또 형제가 외국인에 의해 사들여진 상태라면 그는 안식년에 나갈 것이라고 했다(레25:47,52).

본인이 종살이를 벗어나지 않겠다고 하면 그의 귀를 송곳으로 문에서 뚫을 것이다. 그리고 그는 영구히 종이 된다. 그리고 여종도 이와 같다(출21:6; 신15:16, 17).

종을 때린 경우에는,

"사람이 매로 그 남종이나 여종을 쳐서 당장에 죽으면 반드시 형벌을 받으려니와 그가 하루나 이틀을 연명하면 형벌을 면하리니 그는 상전의 재산임이라(출21:20,21)."

종의 눈을 때린 경우에는,

"사람이 남종의 한 눈이나 여종의 한 눈을 쳐서 상하게 하면 그 눈에 대한 보상으로 그를 놓아 줄 것이다(출21:26,27)."

소가 종을 받은 경우에는,

"소가 만일 남종이나 여종을 받으면 소 임자가 은 삼십 세겔을 그의 상전에게 줄 것이요 소는 돌로 쳐서 죽일지니라(출

21:32)."

종이 도망간 경우에는,

"종이 그의 주인을 피하여 네게로 도망하거든 너는 그의 주인에게 돌려주지 말고 그가 네 성읍 중에서 원하는 곳을 선택하는 대로 너와 함께 네 가운데에 거주하게 하고 그를 괴롭게 하지 마라(신23:15-16)."

종을 돈 주고 산 경우에는,

"돈으로 산 종은 할례를 받은 후에 먹을 것이다(출12:44)."

여종에 대해서는,

"자기의 딸을 여종으로 팔았으면 그는 남종 같이 섬기기를 하지 않는다. 상전이 그를 외국인에게는 팔지 못할 것이요 만일 그를 자기 아들에게 주기로 하였으면 그를 딸 같이 대우할 것이요 만일 상전이 다른 여자를 데려오면 그 여자의 음식과 의복과 동침하는 것은 끊지 말라(출21:7-12)."

지금까지 종에 관한 율법을 말했다. 이 모든 법은 천국의 원리에서 그 근원을 가지고 있다. 그러므로 이런 법에는 영적 의미가 포함되어 있다. 영적 의미를 알면 왜 이런 말씀을 하셨는 지를 깨닫게 된다.

지금은 종의 제도가 없기 때문에 실제적으로 사회 풍습이나 제도로 사용되지는 않지만 이 법의 의미를 찾는다면 천국의 질서를 더 확실하게 알 수 있다.

이는 인간의 마음의 세계에서는 무엇을 의미하는 지와 넓게는 천국에서 이런 말씀이 무엇을 의미하는 지를 알아야 한다.

주님께서는 진리를 사모하는 자에게 그 원리를 가르쳐 주실 것이다. 종은 섬기는 자를 의미하고 남종은 영적 진리를 섬기는 지식을 의미한다. 여종은 좀 더 낮은 차원의 섬김을 의미한다.

그래서 여종에 관련한 법은 남종에 관련한 규정과는 다르다.

남종과 여종에 관한 법은 주님의 나라에 있어서 일반적이고 세부적인 섬김의 법칙을 의미한다.

그러니까 보다 낮은 상태의 진리와 선이 어떻게 신성을 섬기는가 하는 원리를 말한 것이다.

종의 자유는 섬김에서 온다.

윤회론자와 자유

윤회설은 태양을 유일신으로 믿던 고대 인도에서 태어났다.

윤회라는 의미는 육체에 들어왔던 영혼이 그 육체가 죽게 되면 다른 생명체로 바퀴가 굴러가듯이 옮겨간다는 교리이다. 그래서 영혼은 수레 바퀴처럼 업보에 따라 이 육체에서 또 다른 육체로 옮겨 다니다가 결국 제자리로 돌아온다는 뜻이다.

윤회 사상을 믿는 수행자들의 최고의 바램은 이런 윤회의 큰 수레에서 내려 더 이상 태어나고 죽는 것을 반복하지 않는 것인데 이를 '해탈' 이라고 한다.

이런 사상은 후에 인도 철학과 종교에 지대한 영향을 미치게 되었는데 힌두교와 불교가 이 교리를 수용하게 되었다.

그래서 이들은 신(神)을 숭배할 때는 윤회의 바퀴를 벗어나기 위해 벌레나 짐승처럼 자신을 학대한다. 아니면 그 반대로 아무렇게나 무절제하게 생활하기도 한다. 이들은 자신을 벌레와 같이 여김으로 수양에 이른다고 믿는다.

이들은 자신의 영혼은 회전한다고 믿는다. 이런 교리는 주어진 운명에 묶여 있는 상태이다.

만일 이들에게 자유가 주어진다면 어떤 일이 벌어질 것인가?

이들에게 자유가 주어졌더라도 이들은 자신을 여전히 학대한다. 왜냐하면 고행을 통해서 새로운 삶을 기대한다는 교리 때문이다.

윤회론자들은 새로운 삶을 위해서는 비록 자유가 주어지더라도 누리지 않고 끊임없는 고행을 반복해야 한다. 이들은 자유를 배우지 않았기 때문이다.

이들의 종교적 삶이 비록 애처로워 보이기도 하지만 이들이 스스로 고행의 노예가 되는 것은 자신의 삶을 윤회의 수레에서 벗어나기위한 노력에 불과하다.

결론적으로 이들의 종교는 자유가 없는 속박에 불과하다.

자아를 통제하는 자유

이제까지 주님께서 인간의 의지 속에 선을 주셔야 진정한 자유라고 말했다. 이런 말을 듣고 "그렇다면 주님이 주실 때까지 아무 일도 하지 않겠다" 고 말하는 자가 있다.

이들은 인간이 어떤 노력도 하지 않는 것을 자유라고 말한다.

인간의 노력은 부질없으므로 모든 노력을 포기하는 것이다. 그래서 이런 자들은 주님의 말씀에 순종하고자 하는 노력을 하지 않는다.

하지만 이들에게 어느 순간에 악령이 슬그머니 악을 집어넣으면 마치 자아가 없는 듯이 아무런 저항을 하지 못한 채 악마에게 끌려가 더러운 죄악의 늪에 빠진다.

우리가 알아야 할 사실은 악을 저항하는 자들에게 비록 미미한 힘이라고 할지라도 결국 주님이 주신 것이다. 모든 참된 것과 선한 것은 주님에 의해 비롯되었기 때문이다.

그러므로 우리는 스스로 노력하고 스스로 진리에 복종해야만 한다. 인간이 마음을 열고 받아들이고자 하는 노력이 없으면 하늘의 것을 받을 수 없다. 인간의 말과 행동, 표정과 겉모습이 하늘의 것을 닮지 않으면 하늘의 요소를 간직할 수 없다.

인간이 자신에게 스스로 강요해서라도 선을 갖게 된다면 그 안에 자유가 존재한다.

예컨대, 세속에 젖어 살던 자가 급박하게 죽음의 위험에 직면하여 하나님께 기도하기를 "하나님! 이번 한번만 살려주신다면 이제부터 당신을 믿고 바르게 살겠습니다." 라고 절박한 기도를 올렸다.

육체적 질병으로 고통 중에 기도하기를 "하나님! 이 질병만 고쳐주신다면 이제부터는 하나님을 섬기며 살겠습니다." 라고 기도하였다. 비록 그가 진리를 알지 못하지만 절박한 상황에서 짧은 순간에라도 주님께 순종하고자 하였다면 비록 순간이지만 자유가 존재하고 주님의 나라가 임한 것이다.

하지만 인간이 큰 시험을 당할 때는 더 큰 자유가 있어야만 한다. 그 이유는 악을 이겨야 하기 때문이다. 악마의 힘을 이기기 위해서는 양심의 자유가 있어야 한다.

주님은 양심 속에 선을 불어 넣으셔서 악을 정복하도록 힘을 주신다. 자유를 통해서 자아에 선이 들어오게 하여 인간이 개혁되게 하신다. 고로 자유 없이는 그 누구도 개혁될 수 없다. 반드시 자유 의지가 있어야 한다. 자유는 주님의 선이 들어오는 현장이다.

그러므로 자유를 가지고 있으면서도 자아를 통제하지 못하여 죄에 대해 대항하지 못하는 사람은 시험에 질 수밖에 없다.

자유 안에는 생명이 있으며 천국 사랑이 있다. 사람이 천국 사랑을 가지고 행동한 것은 자유로 나타난다. 주님께서는 인간의 자아를 새롭게 창조하시는데 동시에 하늘의 기쁨과 행복을 함께 주신다.

그리하여 자기의 힘만 가지고는 아주 작은 것도 복종하지 못하지만 자아를 통제하여 자유를 얻고자 하면, 주님께서 주신 것을 알게 되고 그리하여 진리를 순종할 수 있음을 깨닫게 된다.

자유와 합리성

주님은 모든 인간들에게 두가지 선물을 주셨다. 즉, 자유와 합리성이다. 합리성은 이해의 기능이고 자유는 의지의 기능이다. 합리성으로 진리의 길을 이해하고 자유로 인해 선을 행하게 된다. 사람이 거듭나기 위해서는 두 기능이 작동해야 한다. 사람은 합리성과 자유의 기능에 의해 거듭난다.

고로 자유와 합리성을 부정하는 것은 곧 성령을 부정하는 것이 된다.

합리성은 우리가 날마다 접촉하는 옳고 그른 것 중에서 구분해서 선택하는 능력으로 진리를 이해함으로 의미를 발견하는 능력을 말한다.

성경에 독수리 같이 강한 날개로 올라간다고 표현했는데, 이는 합리성으로 인한 성장을 의미하는 말씀이다(사40:31). 하지만 주님의 선물을 자신의 것인 양 주님의 능력을 남용한다면 그는 탐욕으로 합리성의 기능이 상실된다.

만일 인간에게 합리성이 상실된다면 어떻게 되는가?

첫째, 곧바로 어리석음이 다가와서 탐욕에 의한 노예가 되고 만다.

고로 악마는 인간에게서 합리성을 제거하려고 갖은 수단으로 유혹한다. 자신 안에 있는 합리성이 없어지는 줄도 모르고 탐욕과 이기심과 고집으로 일관하여 지옥의 깊은 계곡에 떨어지는 모습을 본다.

주님께서 시체가 있는 곳에 독수리들이 모인다고 말씀하셨다. 독수리는 지혜의 동물을 상징하며 이는 합리성이 파괴된 상태를 의미한다. 교회가 본질에서 멀어지게 되어 황폐하게 된 상태를 말한 것이다.

둘째, 거짓된 생각을 하게 되고 악행을 저지르게 된다.

인간 스스로는 진리를 생각할 수 없고 선을 행할 수도 없다.

합리성은 사람의 것이 아니라 주님의 것이다. 주님은 인간이 거듭나게 될수록 합리성이 증가되도록 하셨다.

고로 합리성의 확장을 위해서는 진리를 배우고 이를 토대로 일상의 삶을 분별하고 검토하며 방향을 정해야 한다.

왜냐하면 인간은 언제나 욕심을 고집하며 그에 걸맞는 변명거리를 찾으려고 하기 때문이다. 즉, 이기적인 욕심을 정당화하기 위해서 분주하다.

바리새인과 율법학자들은 기적을 베푸신 주님의 권능을 두고 사람들로 하여금 주님께서 메시야 이심을 인정하지 못하도록 하기위해 악마로부터 왔다고 떠들어댔다. 인간이 얼마나 멀리까지 고집할 수 있는가를 단적으로 보여주는 예이다.

예컨대, 역사상 가장 지혜로운 왕이라 불리던 솔로몬이 우상을 숭배하고 타락한 이유는 그의 자만심에서 오는 교만 때문이었다. 그는 주님께서 지혜를 주셨다는 사실을 잊어버리게 되었다. 결국 솔로몬의 총명은 자기 합리화를 위한 도구로 타락하여 거짓된 사상과 정욕적 애정에 떨어지고 말았다.

우리들도 마찬가지이다. 기도한다고 해서 고집을 앞세우거나 자신이 마치 대단한 존재인양 떠들어대거나 덮어놓고 아멘 하는 식으로 믿음을 갖게 되면 높은 세계를 추구하도록 부여된 합리성을 죽이는 결과를 가져온다.

인간의 언어 중에 "왜"라는 단어는 합리성의 답변을 얻고
자 하는 단어이다.

셋째, 자유 의지를 남용하여 악을 확증하게 된다.

자유 의지를 남용하면 악이 발생한다. 합리성은 참과 거짓
을 분별하는 기능이고 자유 의지는 선과 악 가운데 하나를 의
도하고 행하는 능력이다. 이로써 사람과 짐승이 구별된다. 짐
승들은 본능에 의해서만 살고 합리성과 자유의 기능은 없기
때문이다.

인간은 합리성과 자유의 기능으로 사람다운 사람이 된다. 인
간에게 부여된 그 능력을 선한 자는 선과 진리의 확증을 위해
사용하고, 악한 자는 악과 거짓을 확증하기 위하여 사용한다.
합리성이라는 이해적 기능과 자유라는 의지적 기능은 확증하
는 능력이다. 합리성에는 자유를 굳히는 능력이 있다.

만일 악과 거짓을 확증하면 천국의 문이 닫힌다. 악은 선을
몰아내기 때문이다.

사람에게 자유가 주어졌으나 무엇이든 말하고 행동할 수 있
는 자유란 없다. 세상에는 법이 있기 때문이다. 그래서 사람
들은 윤리와 법을 귀찮아 한다. 그렇지만 인간의 행동을 제재

할 수 있는 법이 없다면 인간은 제멋대로 악을 자행할 것이다.

고로 인간에게는 이성이 필요하다. 이성이 있어야만 자유를 남용하지 않기 때문이다.

만일 사람이 도덕적인 지식을 배우면 이성의 눈이 뜨여져서 악의 정체가 보인다. 만일 이런 지식이 없다면 무지몽매하게 되어 인간은 잔인하게 되고 서슴없이 악을 저지르게 된다.

만일 어떤 사람이 바르게 살고자 하는 이해가 생기면 곧 얼마 가지 않아서 악과 부딪혀 싸움이 일어난다. 그래서 그가 선으로 악을 이기면 악은 거짓과 함께 가장자리로 밀려나게 된다.

넷째, 겉과 속이 다르게 된다.

악한 자는 빛의 천사처럼 선을 가장한다. 예컨대, 속사람은 바르게 살고자 하지만 겉사람은 쾌락을 원한다. 속사람과 겉사람은 투쟁을 한다. 만일 속사람이 승리하면 겉사람은 속사람에게 순복한다. 그래서 인애와 성실을 기뻐하고 속임수를 싫어하게 된다. 간음, 보복, 미움, 모독, 거짓말도 마찬가지이다. 고로 사람이 합리성이 있으면 영적으로 성장하지만 합리성 상실은 육신적으로 떨어진다.

사람이 동물과 다른 이유는 합리성이 있기 때문이다.

동물들은 본능적 사랑 이상으로 올라갈 수 없다. 합리성이 없으면 사랑으로 승화되는 것은 불가능하기 때문이다. 짐승들은 합리성이 없기 때문에 단순하게 먹이 사냥, 보금자리, 새끼 기르는 행동만 한다.

다섯째, 합리성 상실은 생명의 상실을 가져온다.

합리성 안에 선이 들어 있기 때문이다.

생명이 무엇인가? 생명은 천국에서 영들과 더불어 살아갈 수 있는 면허증과 같다. 인간은 사후에 생명 상태에 따라 하늘의 별처럼 많은 각양 사회에 들어간다. 생명은 사랑과 지혜로 이루어진 영적인 사람의 형상이다. 사랑은 곧 생명이고 지혜는 생명을 담는 그릇이다. 하나님의 형상과 모양대로 창조된 인간은 지혜와 사랑으로 삶을 살아야 하는 달란트를 부여받았다.

주님은 사람에게 생명을 주시기 위해 합리성을 주셨고, 그분의 거처를 사람안에 두셨다.

아! 생명, 내가 어떻게 합리성을 운용하며 살아야 할른지, 무엇을 목적으로 살아가야 할른지 무엇부터 해야할 지 알고 있는가?

서로 나누기

☞ 배운 것을 삶에 적용할 수 있도록 서로 나눠봅시다.

● 자유 남용

 우리는 자유를 남용하지 말아야 한다. 나의 자유로 혹시라도 이웃을 슬프게 하거나 피해를 준다면 자유를 남용한 것이다. 바울은 "모든 것이 가하나 모든 것이 유익한 것은 아니요 모든 것이 가하나 모든 것이 덕을 세우는 것은 아니니(고전10:23)." 라고 말했다. 그는 덧붙여 말하기를 "형제들아 너희가 자유를 위하여 부르심을 입었으나 그러나 그 자유로 육체의 기회를 삼지 말고 오직 사랑으로 서로 종 노릇 하라(갈5:13)."고 말했다. 다시 말해서 자유를 가지고 주님 사랑과 이웃 사랑을 실천해야 한다. 자유를 기회로 자기를 사랑하면 방종이 된다. 고로 주님께서 주신 자유에 대해 더욱 경계해야 한다.

●생각해 보기●

– 자발적 자유란 무엇인가?
– 유월절은 무엇을 의미하는가?
– 종의 자유는 어디에서 오는가?
– 윤회론자의 자유에 대해 말해보라.
– 인간에게 자유가 없으면 어떤 일이 벌어지는가?
– 천사는 무엇을 사랑하는가?
– 악마는 무엇을 사랑하는가?

Part

9
신종교 노예

신종교 노예는 자유를 얻고자 종교인이
되었음에도 또 다시 종교적 교리의 노예된
자들을 의미한다. 이들은 자신의 교리로
타인을 조종하고 있다.

신 종교노예

 자유에 대해서 알아보았다. 자유는 선에서 나오는 자유와 악에서 나오는 자유 두 가지로 구분할 수 있음을 배웠다.

 첨부하여 오늘날 종교인들이 종교를 가지고 있으면서도 자유를 잃어버린 '신종교노예'를 말하고자 한다.

 내가 말하고자 하는 신종교 노예는 진정한 자유를 얻고자 종교인이 되었음에도 또 다시 종교적 규칙의 노예가 된 자들을 의미한다. 규칙의 노예가 되었다는 말은 본질을 잃어버리고 외식 교리나 교회 정치 조직에 얽매이는 현상을 의미한다.

 이들은 머리속 지식으로 스스로 노예가 되고 타인을 지배한다. 바울은 이에 대해 "네 지식으로 그 믿음이 약한 자가 멸망하나니 그는 그리스도께서 위하여 죽으신 형제라(고전8:11)."

고 경고한다. 교회 역사를 보면 본질을 잃어버렸을 때 법이 왕노릇하는 경우를 보게 되는데, 오늘날에도 이런 현실을 본다. 이렇게 되면 이들로부터 가르침을 받는 자들은 종교적 주관에 사로잡혀 신종교 노예가 된다.

이들의 특징을 하나하나 기술하면서 오늘날 교회가 심각하게 고민해야할 부분을 찾아보고자 한다. 신노예된 자는 다음과 같다.

첫째, 성경 구절을 타인에게만 적용한다.

진리는 언제나 자신에게만 적용하도록 되어 있다. 이는 불변의 원리이다. 하지만 이들은 언제나 타인에게만 적용한다. 이런 일은 주관적 입장에서 자기는 문제없다는 생각에서이다. 만약 진리를 타인에게만 적용한다면 그는 신(神)의 위치에 등극하게 된다.

이런 자는 자신에게 진리를 적용하지 않기 때문에—무식하면서도—자기 의가 강하고 권위를 앞세운다. 그래서 겉만 번지르하게 치장하는 습관을 갖는다. 이들의 속은 완전하게 부패되어 있음에도 타인을 통제하고 억압한다.

이들은 문자에만 집착하고 그 의미를 찾지 못하는데, 내용

보다는 문자적 교리를 가지고 남을 지배하고 정죄하기를 좋아하고 무슨 일이든 법을 내세워서 당을 짓고 사람들을 끌어모은다. 고로 이들 주변에는 어디가서든지 싸움이 끊이지 않으며 타인의 말에 언제든 반기를 들기를 좋아하고 잘못된 점을 찾아낸다. 이들은 모든 것이 완벽해야 한다는 완벽주의자처럼 모습을 보이는데 실제적으로 자신들도 실수 투성이임을 모르고 있다. 이들의 속은 이미 더러운 시궁창이므로 그 속에서 뱀이 독을 뿜어내듯이 악독한 기운을 뿜어낸다.

이들은 자신에게 적용하는 말씀은 별도로 정해져 있다. 예컨대 "크고 비밀한 일을 네게 가르치리라" 같은 구절들이다. 그러나 "회개하라." 같은 구절은 타인에게만 적용한다.

마치 이들은 남을 정죄하기위해 신앙 생활하는 듯이 보인다. 성경에서 공격 무기를 가지고 타인을 통제하기 위해 살아가기 바쁘다.

이런 일은 교회내의 직분자나 종교지도자들에게 흔히 나타나는 현상이기도 하다. 오늘날 교회내에 소송 사건과 당짓는 모임 등을 보면 이런 자들이 그 배경에 있는 경우가 많다. 이는 교회에서 없어져야할 심각한 풍조이다.

교회를 덕으로 치리하고 다스려야할 지도자들이 이것에 노예가 되면 타인을 법과 교리로 판단하고 정죄하게 된다.

한국 말에 "괜찮다"라는 말이 있는데 조금은 만족스럽지 못해도 이 정도면 대체적으로 만족을 한다는 표현이다. 이런 말은 상대방을 배려하는 좋은 언어이다. 하지만 이들은 이런 언어에 인색하다.

어쨌든 진리는 타인에게 적용해서는 안 된다. 오직 자신에게만 적용해야 한다. "마귀를 대적하라!"는 구절은 타인에게 적용하는 구절이 아니라 자신에게 적용해야 한다. 내 마음속에 있는 악한 정욕과 유혹, 분노 등을 마귀라고 여겨야 한다.

비록 외적으로 누군가 자신에게 피곤함을 주더라도 사랑과 인내함으로 견디면서 사랑으로 권면할 수 있을지언정 싸우라고 그 말씀을 하신 것은 아니라는 사실을 기억하라. 밖에 있는 마귀 대적하는 일을 하다보면 십자가는 간데 온데 없어지고 온 세상과 일생동안 싸우고 살아야할 판국이다.

오히려 자신이 싸우는 마귀 짓을 하고 다닌다. 마귀는 밖에 있는 것이 아니고 마음속에서 집을 짓고 살아간다는 사실을 유의하라.

218

고로 진리를 제대로 안다면 타인에게 적용할 구절은 없다. 그러나 진리에 대해 소경이기 때문에 자신은 문제없는 줄 알고 타인에게만 진리를 적용하여 싸움판을 벌인다.

한심하고 답답한 일이다. 마귀는 언제나 자신의 마음과 행위를 조종하거나 유혹하고 있는데도 밖으로만 눈을 돌리고 있다. 이런 식으로 진리를 값싼 도구나 무기로 사용하여 상대방을 깔아뭉개는 일에 탁월한 자들이 얼마나 많은가? 이는 지식 수준이 짧고 이성적 능력이 부족하고 행실이 부덕한 자에게서 나타는 증상이다.

주님은 인간 육체를 입으심으로 인간의 인성을 갖게 되셨다.

그리고 인성을 거룩하게 하심으로 신성의 변화를 이루심으로 영화롭게 되셨다. 우리는 주님이 하신 그 길을 따라가는 자들이다. 주님께서 취하신 태도는 내면의 변화로 인한 삶의 변화이다. 주님이 하신 방법대로 따라가지 않는다면 그는 주님의 십가가를 거부하는 자들이다.

오늘날 많은 교회 지도자들이 세미나를 듣기 위해 유명강사로부터 좋은 강의 내용을 배우는데, 모두 타인에게 적용하거나 가르치기 위해 기술을 배우는 듯이 보인다.

이는 진리의 기본 자세를 잃어버린 태도이다. 진리는 먼저 자신에게 적용해야 한다.

어떤 이는 나에게 말하기를 "눈에 보이는 걸 어떻게 해요. 자꾸만 마음속에서 지적하라는 소리가 들려요!"

나는 그에게 대답해줄 말을 가지고 있다.

"그것은 곧 당신 안에 있는 죄를 지적하기 위해 떠오르는 더 높은 자아의 눈입니다. 당신 자신에게 말씀하시는 주님의 음성입니다. 그 음성에 귀를 기울이고 겸손하십시오."

자신 안에서 문제를 찾지 않고 눈을 외부로 돌려 희생 양을 만들고자 하면 그는 그 자체로써 악이 된다. 이 말을 심각하게 여기라. 스스로 악인이 되고 싶은가?

진리를 자신에게 적용하지 않고 타인에게만 적용하는 것은 마귀의 일이다. 또한 그런 일을 반복하는 자는 신종교노예자들이다.

둘째, 종교 영웅주의이다.

나는 종교 영웅주의자는 예수 믿는 자들이 아니라고 말하고 싶다. 이들은 주님을 이용해서 자신의 권력욕과 타인보다 우월하고자 하는 욕망에 들떠 있는 자들이다. 즉, 영웅심의 노예이다. 이들은 신(神)으로부터 자신이 계시를 받고 특별한 사명을 받은 듯이 생각한다. 자신은 특별 대우를 받는 것이 당연한 듯이 여긴다. 자신보다 못한 사람을 보면서 만족감을 느낀다면 조심하라.

이들은 타인에게 기도하라고 말하고는 자신은 기도하지 않으며 타인에게 겸손하라고 하면서 자신은 교만하며 타인에게 성경보라고 하면서 자신은 성경을 읽지 않는다.

이들의 목표는 많은 군중 앞에서 마이크로 무슨 말이든 하는 것이며 자신의 말에 모두다 환호하며 열광하기를 바란다.

마치 교주나 권력자들이 군중들이 환호하는 것을 맛보듯이 자신이 그렇게 되기를 바란다. 군중들 앞에 자신이 얼마나 고생해서 여기까지 왔는 지를 자랑하고 그렇기 때문에 하나님이 자신을 얼마나 사랑하셨는지를 자랑한다. 그리고 말하기를 언젠가 자신을 세계적인 종으로 뽑아쓰실 것이라는 것을 빼놓지 않고 말한다. 그리고 서로가 서로에게 칭찬과 예언을 하면서 부추긴다.

어느 분이 목사 안수식을 보고는 머리에 관을 쓰는 것이라고 내게 말해주었다. 과거 벼슬에 올랐던 이들이 머리에 관을 쓰는 것처럼 목사가 관직에 오르듯이 한다는 것이다. 과연 목사가 머리에 관을 쓰는 것인가?

요한계시록에 등장하는 지옥에서 올라오는 메뚜기가 머리에 금관을 썼다고 했다. 감각적 거짓에 빠진 자들이 관을 쓰게 되면 세상이 어떻게 되는가? 머리에 관을 쓰면 타인에게 큰소리를 칠 수 있는 자격이 주어지는가? 과연 목사에게 그런 자격이 있는 것인가?

그러면 진리는 무어라고 말하는가? 야고보는 말하기를 선생된 자는 더 큰 심판이 따라온다고 말하면서 선생되지 말라고 경고하였다.

과연 하늘의 진리를 얼마나 알고 있는가? 남의 눈을 속이는 기술로써 진리를 전할 수 있는가? 자신은 선지자 사명을 받았다고 주장하면서 주님께서 이 말씀을 당신에게 전하라고 말씀했다고 주장하는 자가 있다. 자기의 말이 진리이므로 타인의 잘못을 지적해도 괜찮다고 하는데 과연 그럴 정당성을 누가 부여하였는가?

자기는 이미 상대방보다 높다고 하는 전제를 가지고 상대방을 가르치려는 태도를 가진 것이다. 그 맛에 머리에 관을 쓰고자 하는데 한마디로 종교적 영웅주의자이다.

셋째, 기도 만능주의이다.

기도 문제를 짚고 넘어가고자 한다. 특별히 기도에 열심인 자들은 기도하면 못할 것이 없으며 기도하면 다 된다는 말을 한다. 내가 기도에 대해서 지적하는 이유는 진리적 삶보다 기도가 더 앞서고 있기 때문이다.

흔히 하는 말로 기도하면 죽은 자가 살아나고 병든 자가 고침받고 갑작스러운 축복이 오는 등의 말을 한다. 하지만 중요한 것은 그분의 뜻대로 구하지 않으면 응답이 없음을 알아야 한다. 정욕대로 구하면 응답받지 못한다고 야고보는 말했다.

고로 기도하고자 하면 먼저 이 기도가 주님의 뜻에 합당한 지를 분별해야 한다.

어느 목사님의 설교중에 이렇게 기도하라는 말을 들었다. 그는 "바꿔놓고" 라는 기도를 반복하라고 했다. 하나님께 입장 바꿔놓고 생각해달라는 말이다. 나는 이런 설교를 듣고 매우 한심하다는 생각이 들었고 한편 수준낮은 초등 학생의 발상이라고 여겼다. '하나님과 인간이 같은가? 어떻게 하나님을 자기 수준으로 동등하게 놓는가?' 그는 이런 식으로 하나님께

땡깡부리면 하나님은 어쩔 수없이 응답하신다는 그런 요지였는데, 기도를 떼를 쓰는 것으로 보고 있는 것이다.

내가 기도 자체에 대해 문제를 삼는 것은 아니다. 내가 말하고자 하는 것은 기도는 주님의 뜻을 분별하는 것임을 분명하게 하고자 하는 것이다.

기도를 왜 해야 하는가? 우리가 세상 살면서 여러가지 문제와 장애가 겹칠 때 주님의 뜻을 분별하여 바로 살고자 함이 아닌가? 기도를 마치 도깨비 방방이처럼 '뭐나와라 뚝딱' 하듯이 한다면 그 기도는 주문이나 의례에 그치게 된다. 바울은 쉬지 말고 기도하라고 했는데, 그렇게 해야할 이유는 기도로써 주님의 뜻을 매순간마다 분별해야 하기 때문이다.

기도와 믿음이 노예적이라는 말은 이미 본 바탕이 거짓인데 그 속에서 나오는 기도와 믿음이 거짓이라는 말이다. 이들은 입으로는 믿음을 말하지만 주님을 믿는 게 아니다. 왜냐하면 주님의 뜻대로 살 의향이 없기 때문이다. 이들이 말하는 믿음은 자기 욕심대로 이뤄지는 것을 말한다. 고로 이들은 자기 생각이 중요하고 자기 판단이 제일이다. 본인 스스로 그렇게 생각하기 때문에 그것이 믿음이다. 대단히 이기적이며 자

224

기 편의적이다.

 중요한 것은 그들이 진리를 원하고 있느냐 하는 것이다. 중요한 것은 목적이다. 삶에서 주님의 뜻이 이루어지는 것이다. 그러나 그럴 의지도 없고 그럴 생각이 없다. 오로지 욕심대로 받는 것뿐이고 욕심으로 세상에서 잘되는 것뿐이다.

 이들을 살펴보면 가정이나 자녀를 소중하게 여기지 않는다. 오직 자신만이 중요하다.

 다시말해서 순수한 의도가 없다. 순수한 기도와 순수한 믿음이 아니다. 모두 이제까지 해왔던 것에 불과하고 남들이 그렇게 하니까 자신도 동일한 수준이라고 여길 뿐이다.

넷째, 축복에 중독되어 있다.

 이들이 말하는 축복은 모두 돈과 연관되어 있으며 세상적으로 잘되는 것뿐이다. 그래서 하나님이 도와주었다고 말을 하는데, 이들에게 하나님은 목적이 아니고 수단일 뿐이다.

 축복을 강조하면 부수적으로 따라오는 것이 있다. 그것은 십자가와 같은 고난을 서서히 부정하기 시작한다. 이들이 말하는 축복이라는 말은 현세적이고 이 세상에서 잘되기를 원하는 것을 말한다. 그러니까 사업, 자녀, 건강, 취업, 장수, 인기

등이다. 종교는 축복을 위한 수단으로 전락시켜 버린다. 이들은 주님께서 자신을 위해 십자가를 지시고 죽으셨으니 자신은 주님이 하신 일을 그저 받기만 하면 된다는 식이다.

그러나 성경에는 천국은 열두 진주문으로 들어간다고 했다. 진주는 조개속에 이물질이 들어가서 고통속에서 나온 보석이다. 천국이 진주 문이라는 말은 십자가의 고난을 통해서 들어갈 수밖에 없는 나라임을 말하는 것이다. 고난없이 축복으로 천국으로 들어가기를 원하는 자는 서서히 기독교의 진리를 오염시키고 있는 중이다.

다섯째 행함없는 믿음의 종교이다.

기독교를 믿음의 종교라고 부른다. 이는 믿음으로 구원받는다는 것을 주장하기 때문이다. 마틴 루터가 '이신득의' 를 주장한 이래 오늘날 기독교가 채택하고 있는 핵심 교리이기도 하다. 그러나 믿음의 범위가 문제이다. 믿음을 단지 머리속에 믿는다는 생각에 그칠 것인가? 아니면 좀 더 나아가서 요지부동의 신념의 차원에 머물 것인가? 아니면 삶의 영역까지 볼 것인가 하는 문제를 심각하게 고민할 때가 왔다.

오늘날 믿는다고 말하는 많은 이들의 모습을 보면 삶의 변화나 진리적인 삶의 열매를 거두기 보다는 신념이나 확신 정도에 만족하는 경우를 본다. 저 사람이 과연 주님을 믿는 사람인가? 할 정도이다.

종교 지도자 조차도 이 수준에 머물러서 구원을 단지 확신 차원에만 묶어버리는 모습을 보았다. 하나님이 인간을 이세상에 보낼 때 머리속의 기억이나 지식 정도로 사람이 구원받기를 원하시는가? 주님께서 지식 수준을 위해서 돌아가셨는가? 삶은 변화되지 않고 단지 생각 차원에만 그칠 것인가?

행하지 않고도 구원얻는 길을 모색하고는 "하나님은 자비하시다"고 말하는데, 과연 성경을 통해 하나님께서는 인간의 삶에 대해서는 무관하시는가? 이 부분에 대해 야고보는 매우 강하게 교회를 향해 선포한다.

"나의 형제자매 여러분, 누가 믿음이 있다고 말하면서도 행함이 없으면, 무슨 소용이 있겠습니까? 그런 믿음이 그를 구원할 수 있겠습니까?"

여섯째 이방인에 대한 주제이다.

성경에는 주님은 이방의 빛이 되고자 오셨다고 했다. 기독교인 중에는 이방인들에게는 이성, 양심과 같은 선이 있음을 인정하려 들지 않는다. 우리는 진리를 알지 못하는 백성을 이방인이라고 한다. 그런데 그들 중에 가만히 살펴보면 양심대로 살아가는 이들이 있다. 심지어 자기 목숨을 버려 타인을 건져내는 의인이 있다. 예컨대, 단종 복위를 위해 목숨을 던진 성삼문과 같은 의로운 사육신이 있다. 이순신과 같이 나라를 위해 희생하신 분도 있다. 그들은 양심을 따르거나 타인을 위해 희생적인 삶을 살았다. 왜 이들의 선한 양심을 인정하려 들지 않는가? 그 이유중에 하나가 하나님이 자신은 선택했고 저들은 선택하지 않았다는 의식 때문이 아닌가? 자신의 교만이 앞서서 그렇지 않은가?

이상의 몇가지를 들어서 '신종교노예' 라고 이름을 붙였는데, 이런 관념에 빠지지 않기 위해서 어떻게 해야 하는가? 라고 묻는다면 나는 이렇게 대답할 것이다.

"거듭나야 하리라!" 그 한마디가 해답이다.

아! 거짓되고 가증한 생각뿐인 이들을 무엇으로 표현한다는 말인가? 진리에 대해 눈먼 소경이 교리의 왕관을 쓰고 앉아서 자기 욕심으로 천하를 호령하고 싶어하는 이들이 계시록에 등장하는 용이 아니고 그 무엇인가?

– 참고도서 –

· Swedenborg. 배제형, 역. 『천국의 비밀들』, 도서 출판 벽옥, 2018.
· 배제형. 『성경 상응 사전』, 도서 출판 벽옥.
· 김홍찬. 『이노센스』, 한국상담심리연구원, 2002.
· 김홍찬. 『순진무구 수치심을 치유하다』, 한국상담심리연구원, 2016.
· 김홍찬. 『사람이란 무엇인가』, 한국상담심리연구원, 2015.
· 김홍찬. 『김군의 마음 시리즈』, 한국상담심리연구원, 2017-2018.
  – 동물, 식물, 광물. 인체, 질병, 천로여정, 숫자, 감정, 의도의 순수성,
  부부의 목적, 허용법칙 합, 11권 –

김군의 마음, 자유편

자유

1판 1쇄 인쇄일 2019년 4월 24일

지은이 김홍찬

발행인 김홍찬

펴낸곳 한국상담심리연구원 (www.kcounseling.com)

출판등록 제2-3041호(2000년 3월 20일)

주소 03767 서울시 서대문구 신촌로 215-2 전진빌딩3층

대표전화 ☎ 02)364-0413   FAX 02)362-6152

이메일 khc2052@hanmail.net

 값 12,000원

 ISBN 978-89-89171-30-0 (03230)

 CIP 2019014155

이 도서의 국립중앙도서관 출판예정도서목록(CIP)은 서지정

보유통지원시스템 홈페이지(http://seoji.nl.go.kr)와 국가자

료종합목록시스템(http://www.nl.go.kr/kolisnet)에서

이용하실 수 있습니다.